**História da América:
das independências
à globalização**

inter
saberes

2ª edição

História da América: das independências à globalização

Lara Taline dos Santos

intersaberes

Rua Clara Vendramin, 58 . Mossunguê . CEP 81200-170 . Curitiba . PR . Brasil
Fone: (41) 2106-4170 . www.intersaberes.com . editora@intersaberes.com

Conselho editorial
   Dr. Alexandre Coutinho Pagliarini
   Drª Elena Godoy
   Dr. Neri dos Santos
   Mª Maria Lúcia Prado Sabatella

Editora-chefe
   Lindsay Azambuja

Gerente editorial
   Ariadne Nunes Wenger

Assistente editorial
   Daniela Viroli Pereira Pinto

Edição de texto
   Monique Francis Fagundes Gonçalves

Capa
   Luana Machado Amaro

Projeto gráfico
   Bruno de Oliveira

Diagramação
   Maiane Gabriele de Araujo

Equipe de design
   Sílvio Gabriel Spannenberg

Iconografia
   Regina Claudia Cruz Prestes

Dados Internacionais de Catalogação na Publicação (CIP)
(Câmara Brasileira do Livro, SP, Brasil)

Santos, Lara Taline dos
   História da américa : das independências à globalização / Lara Taline dos Santos. -- 2. ed. -- Curitiba, PR : InterSaberes, 2024.

   Bibliografia.
   ISBN 978-85-227-0892-5

   1. América – História 2. América Latina – História I. Título.

23-177925   CDD-970

Índices para catálogo sistemático:
1. América : História   970

Eliane de Freitas Leite – Bibliotecária – CRB 8/8415

1ª edição, 2018.
2ª edição, 2024.

Foi feito o depósito legal.

Informamos que é de inteira responsabilidade da autora a emissão de conceitos.

Nenhuma parte desta publicação poderá ser reproduzida por qualquer meio ou forma sem a prévia autorização da Editora InterSaberes.

A violação dos direitos autorais é crime estabelecido na Lei n. 9.610/1998 e punido pelo art. 184 do Código Penal.

Sumário

9 *Apresentação*
13 *Organização didático-pedagógica*
17 *Introdução*

Capítulo 1
19 **As independências dos Estados Unidos da América e do Haiti**

(1.1)
21 Contexto histórico das Treze Colônias

(1.2)
24 Contexto histórico de São Domingos

(1.3)
26 A guerra de independência dos Estados Unidos

(1.4)
33 A Revolução Haitiana

(1.5)
36 Efeitos das independências dos Estados Unidos e do Haiti na América Latina

(1.6)
38 A comparação dos dois processos de independência

Capítulo 2
49 **As independências latino-americanas**

(2.1)
51 América Latina no caminho da independência:
as relações entre colonos e colonizadores

(2.2)
62 Precursores da independência

(2.3)
65 Independências radicais e conservadoras

(2.4)
70 As diferenças entre a América espanhola
e a América portuguesa

(2.5)
73 O conceito de *revolução*
na historiografia latino-americana

Capítulo 3
85 **A América Latina independente
e a construção da nação**

(3.1)
87 Fragmentação latino-americana

(3.2)
91 Forças políticas

(3.3)
93 Estados-nações latino-americanos

(3.4)
99 Oligarquias, política e consolidação do capitalismo na América Latina

(3.5)
100 Imperialismo na América Latina

Capítulo 4
113 **Forças políticas latino-americanas**

(4.1)
115 A crise das oligarquias

(4.2)
117 Novas classes sociais

(4.3)
123 A crise dos anos 1920

(4.4)
125 A Revolução Mexicana

(4.5)
130 Oligarquia, capitalismo e imperialismo

Capítulo 5
141 **Nacionalismo, populismo e Guerra Fria na América Latina**

(5.1)
143 O nacionalismo na América Latina

(5.2)
148 O fenômeno populista

(5.3)
155 A Revolução Cubana

(5.4)
160 Guerra Fria na América Latina

(5.5)
168 Golpes militares no Cone Sul

Capítulo 6
179 **Ditaduras, redemocratização e globalização na América Latina**

(6.1)
181 As ditaduras militares no Cone Sul

(6.2)
195 Processos de redemocratização na América do Sul

(6.3)
198 Memória e ditadura: as comissões da verdade

(6.4)
199 América Latina e globalização

(6.5)
203 Globalização e democracia

217 *Considerações finais*
221 *Referências*
229 *Bibliografia comentada*
235 *Respostas*
253 *Sobre a autora*

Apresentação

O estudo da história da América é fundamental para o entendimento de suas estruturas políticas, sociais, culturais e econômicas, visto que esse é um dos continentes mais díspares do globo. Trata-se de uma terra que não chegou a viver períodos de grande estabilidade e paz social, tendo sua história marcada por conflitos, revoltas, rebeliões, levantes e líderes revolucionários, assim como pela dominação de poucos, pela reprodução oligárquica, pelos golpes de Estado e pela intervenção estrangeira.

Essas questões tornam o estudo da América Latina um grande desafio para os historiadores e demais cientistas sociais e políticos. Por isso, nosso intuito nesta obra consiste em discorrer criticamente sobre os principais acontecimentos históricos, as principais correntes de pensamento e as principais teorias explicativas sobre essa região. Longe de buscar esgotar os debates, esta obra é um convite à produção nesta seara – visto que só recentemente ela passou a ser explorada por autores brasileiros.

Tendo isso em vista, destinamos a obra a todos aqueles que buscam compreender melhor o contexto histórico da América Latina, desde sua independência até sua fragmentação em diversos países. Nosso objetivo é prover subsídios para a compreensão dos processos que marcaram a história latino-americana, evidenciando suas raízes e chamando atenção para seus desdobramentos.

A escolha dos temas, distribuídos ao longo de seis capítulos, foi embasada na proeminência de certos processos na constituição das nações latino-americanas. Alguns deles foram aprofundados para que pudéssemos identificar de forma mais precisa a maneira como eles se refletem na atualidade.

Nossa pesquisa foi bastante influenciada por uma abordagem histórica mais crítica, fundamentada nas obras de autores como Leslie Bethell, Eric Hobsbawm, Jack Greene, Cláudia Guazelli, César B. Wasserman e Octavio Ianni. Aliada a tais leituras consagradas está uma série de trabalhos mais recentes, que trazem novos olhares sobre tópicos importantes da história latino-americana, como os de Sean Purdy e Maria de Fátima Gouvêa.

Nessa perspectiva, reconhecemos o vínculo existente entre o passado colonial e as relações de poder nos países latino-americanos, assim como o peso dos anos de dominação imperialista sobre a região. As ideias apresentadas e desenvolvidas neste livro têm, portanto, a função de auxiliar discussões e reflexões sobre esse continente, provendo a você, leitor, os elementos necessários para a elaboração de uma consciência histórica sobre o tema.

No Capítulo 1, apresentaremos os processos de independência dos Estados Unidos da América e do Haiti, pois não podemos compreender as independências hispano-americanas sem termos em mente os efeitos dessas duas independências. Nosso objetivo é apresentar uma análise comparada desses dois eventos, a fim de fornecer a você informações suficientes para que compreenda o impacto dúbio desses dois processos históricos.

No Capítulo 2, abordaremos as independências latino-americanas propriamente ditas, discorrendo sobre seus casos mais emblemáticos e de que maneira eles influenciaram o restante do continente. Essa abordagem permite que compreendamos a distinção geral entre independências radicais e conservadoras, reconhecendo os marcos temporais e as lutas viscerais por poder que marcaram esses processos. Ao final do capítulo, propomos uma reflexão sobre como a historiografia tem lidado com o conceito de *revolução* e com as independências latino-americanas.

No Capítulo 3, por sua vez, trataremos da fragmentação do território colonial espanhol em diversos países, apontando as principais forças políticas em disputa na época. Na sequência, discorreremos sobre a formação tardia dos Estados-nações latino-americanos, bem como a respeito da consolidação do capitalismo e do imperialismo no continente.

No Capítulo 4, buscaremos esclarecer o contexto da crise das oligarquias e do surgimento de novas classes sociais na América Latina. Como caso emblemático de destituição do Estado oligárquico pela via radical apresentamos a Revolução Mexicana (1910-1920). Além disso, visamos explicar satisfatoriamente os conceitos de *oligarquia*, *imperialismo* e *capitalismo* – conforme propomos na discussão apresentada no final do capítulo.

No Capítulo 5, debateremos o surgimento e a popularização do nacionalismo e do populismo na América Latina nos anos 1930. Em seguida, discorreremos sobre a Revolução Cubana (1953-1959), demonstrando como esse evento reverberou mais tarde, quando a Guerra Fria atingiu a região nas décadas de 1960 e 1970. Por último, abordaremos os inúmeros golpes de Estado ocorridos no Cone Sul, os quais minaram a democracia com violentos regimes militares, profundamente atrelados ao capital internacional e à lógica da economia de mercado.

Por fim, no Capítulo 6, trataremos da dimensão dos prejuízos democráticos e econômicos trazidos pelos regimes ditatoriais, que, além de endividarem e empobrecerem os países em que foram implantados, também deixaram para trás um rastro de dor e perseguição que ainda está longe de ser superado pelos latino-americanos. Para finalizar a obra, apresentaremos uma reflexão sobre os rumos da globalização e do neoliberalismo na América Latina, atentando para seus efeitos nas incipientes democracias locais.

Esperamos que o conjunto de conhecimentos aqui sistematizados ofereça subsídios políticos, teóricos e técnicos para você tecer uma análise crítica do cenário apresentado, superando as visões cristalizadas da historiografia tradicional das Américas.

Organização didático-pedagógica

Esta seção tem a finalidade de apresentar os recursos de aprendizagem utilizados no decorrer da obra, de modo a evidenciar os aspectos didático-pedagógicos que nortearam o planejamento do material e como o aluno/leitor pode tirar o melhor proveito dos conteúdos para seu aprendizado.

Introdução do capítulo

Logo na abertura do capítulo, você é informado a respeito dos conteúdos que nele serão abordados, bem como dos objetivos que o autor pretende alcançar.

Síntese

Você conta, nesta seção, com um recurso que o instigará a fazer uma reflexão sobre os conteúdos estudados, de modo a contribuir para que as conclusões a que você chegou sejam reafirmadas ou redefinidas.

Atividades de autoavaliação

Com estas questões objetivas, você tem a oportunidade de verificar o grau de assimilação dos conceitos examinados, motivando-se a progredir em seus estudos e a se preparar para outras atividades avaliativas.

Atividades de aprendizagem

Aqui você dispõe de questões cujo objetivo é levá-lo a analisar criticamente determinado assunto e aproximar conhecimentos teóricos e práticos.

Preste atenção!

Nestes boxes, você confere informações complementares a respeito do assunto que está sendo tratado.

Bibliografia comentada

Nesta seção, você encontra comentários acerca de algumas obras de referência para o estudo dos temas examinados.

Lara Taline dos Santos

Introdução

Concebemos este livro de modo que ele sirva de ferramenta para uma análise crítica dos processos sociopolíticos em curso na América contemporânea.

Para esclarecer o contexto histórico americano, por muito tempo buscaram-se respostas e soluções em análises simplistas, que concebiam a América Latina sob a mesma ótica da América Anglo-Saxônica, desconsiderando-se as relações desiguais entre norte-americanos e latinos, assim como a multiplicidade de suas formas políticas, ações econômicas e lutas sociais.

Nosso objetivo, portanto, é romper com essa visão, trazendo para o centro dos debates os efeitos dos acontecimentos contemporâneos na vida da população, mais especificamente das classes menos favorecidas. Como objetivo secundário, podemos elencar a compreensão da influência dos principais eventos históricos contemporâneos ocidentais na América Latina.

Esse estudo exige conhecimentos prévios a respeito do passado do continente americano, desde o início de seu processo colonizador. Esses conhecimentos ajudarão a compreender as raízes históricas das opressões que alguns grupos minoritários sofrem, do evidente atraso no desenvolvimento industrial, da desigualdade social gritante, da formação de elites poderosas e abastadas, da pobreza e da fome, dos déficits educacionais, enfim, dos problemas mais comuns vivenciados pelo povo latino-americano. Seja pelos europeus, seja pelos norte-americanos, a história da América Latina é marcada por processos de dominação e subordinação consecutivos.

Em suma, apresentamos nesta obra aspectos mais gerais relacionados à história da América Latina desde as independências. Esperamos que você também se sinta instigado, pelas discussões aqui propostas, a buscar mais alternativas interpretativas para os eventos que consolidaram a América Latina como a conhecemos atualmente.

Capítulo 1
As independências
dos Estados Unidos
da América e do Haiti

Neste primeiro capítulo, apresentamos os processos de independência dos Estados Unidos da América (EUA) e do Haiti. Para tanto, voltamos nosso olhar para os modelos de colonização empregados pelos ingleses e franceses, respectivamente, nas Treze Colônias norte-americanas e na antiga colônia de São Domingos.

O desenvolvimento desses dois locais ocorreu de maneiras absolutamente distintas, refletindo em duas guerras de independência radicalmente diferentes. Enquanto a elite colonial norte-americana levou a cabo um processo marcado pela conservação da estrutura social e da autonomia colonial, os escravizados de São Domingos revoltaram-se contra seus colonizadores, tomando o controle da ilha para tentar organizar um país independente e sem escravidão.

A distinção apresentada por esses dois primeiros processos de independência americanos acabaram influenciando o restante do continente – outro aspecto que analisamos neste capítulo. Se, por um lado, o caso haitiano representou um alerta para as demais elites escravocratas da América, por outro, a independência dos Estados Unidos foi vista como um exemplo positivo. Isso levou as elites latino-americanas a vislumbrarem a libertação da metrópole europeia não apenas como algo viável, mas também lucrativo.

(1.1)
Contexto histórico das Treze Colônias

Para tratarmos do contexto das colônias britânicas na América do Norte, precisamos apresentar um panorama da condição interna da metrópole na época do povoamento das Treze Colônias.

Nas primeiras décadas de 1600, a Inglaterra viveu um crescente êxodo rural, que castigou uma parcela significativa da população. Esse fenômeno levou os ingleses mais pobres a encararem as novas terras descobertas na América como oportunidade de uma vida melhor. Paralelamente a isso, a Coroa inglesa[1] se interessou pela ideia de enviar pessoas encaradas como problemas sociais para fora do país, visto que o crescimento demográfico tornava a administração real mais complicada, assim como o desemprego, os conflitos religiosos e a violência. Essa era uma forma de a Inglaterra se livrar do encargo de cuidar dessas pessoas, uma vez que elas seriam responsáveis por seu próprio sustento na América.

Como é possível perceber, havia grande diversidade populacional no contingente que começou a desembarcar nas Treze Colônias a partir de 1620. Foram pessoas comuns e pobres, que sofriam perseguições religiosas ou estavam em situação de risco, que passaram a ocupar as áreas rurais na América.

O processo de colonização iniciou-se com a fundação do assentamento de Jamestown, em 1607, na Virgínia, com pouco mais de 100 pessoas. Após esse evento, chegaram aos Estados Unidos grupos de imigrantes que fugiram da perseguição religiosa na Europa, como foi o caso dos puritanos e dos quakers. Os puritanos, chamados *peregrinos*, se estabeleceram em Massachusetts, e os *quakers*, na Pensilvânia (Karnal et al., 2010).

As Treze Colônias passaram a se organizar com grande autonomia. Enquanto as colônias do Norte – de clima temperado semelhante ao europeu – produziam manufaturas voltadas ao mercado interno, apresentando uma configuração agrária particular em que as pequenas propriedades de agricultura familiar eram a maioria, as colônias do Sul – atreladas ao mercado inglês – investiam na monocultura

---

1 *Tornou-se Coroa britânica apenas quando o Tratado de União, assinado em 1707, passou a unir os parlamentos da Escócia e Inglaterra (que já havia anexado o País de Gales no século XVI) em um novo Estado: o Reino Unido da Grã-Bretanha.*

extensiva, sendo o tabaco seu primeiro grande produto de exportação (Karnal et al., 2010, p. 55-58).

> Em viagem pelos Estados Unidos, o jornalista e diplomata brasileiro Hipólito da Costa Pereira revelou detalhes do cultivo do tabaco, demonstrando como essa monocultura fazia parte da vida dos lavradores mais comuns do Sul:
>
> *Em Massachusetts cultivam, muitos lavradores, tabaco para o seu próprio uso; semeiam a* Nicotiana tabacum *(que vi dia 8) em bom estrumado terreno; quando começa a florescer cortam-lhe as espigas, a que chamam* pick up the tops, *e mesmo lhes tiram algumas folhas das mais chegadas ao chão, depois (por este tempo, uns e outros, na queda do ano) colhem as flores e põem nos barris a secar; estes barris são abertos, de modo que parte do dia recebem sol, e sempre ar. Um lavrador, que me deu esta instrução, me disse que se podiam colher as folhas em qualquer tempo antes das neves. Depois de seco o enrolam sem outro algum benefício.* (Pereira, 2004, p. 136)

    A princípio, a Inglaterra não demonstrou grande interesse em explorar intensivamente os recursos encontrados na América do Norte. Além disso, as inúmeras revoltas de servos que aconteceram ao longo do século XVII na Europa foram custosas demais para a Coroa. Com isso, criou-se um cenário de colonos que gozavam de grande independência individual, graças, sobretudo, ao acesso à terra – que não apresentava grandes vantagens mercantis para a Coroa naquele momento.

    Tendo isso em vista, é incorreto afirmar que a Inglaterra organizou uma colônia de povoamento na América do Norte, visto que deixou a administração local nas mãos dos colonos. Essa negligência e total falta de participação invalida a ideia de que as colônias eram pensadas pelos ingleses como locais propícios ao povoamento.

    Além disso, foi também esse traço específico da administração britânica com relação à colonização que colocou os colonos nos trilhos da independência de 1776.

Houve, além disso, um grande crescimento populacional nas Treze Colônias. As guerras civis inglesas (1642-1651) e as **Guerras Anglo-Holandesas** (1780-1784) levaram centenas de pessoas a embarcarem para a América, fato que, combinado ao crescimento natural da população, elevou o número de habitantes a 250 mil (Karnal et al., 2010). Hipólito da Costa também apontou esse fenômeno ao descrever os diferentes costumes que avistou na sua passagem pelos Estados Unidos:

> Os costumes em Filadélfia são inglo-quakers (sic.), mas em New York, holando-rústicos, por exemplo: em Filadélfia tomam o chá de noite, em New York, de tarde, ou antes de anoitecer, o que é um costume holandês. Em Filadélfia, o povo é pouco sociável, o que é derivado dos Quakers, em New York muito mais sociável, ainda que não tanto hospitaleiro. (Pereira, 2004, p. 98)

É possível perceber, portanto, que esse grande mosaico de pessoas que desembarcavam na costa da América do Norte teve peso inegável no processo de independência das colônias. Além disso, muitos desses novos residentes não eram ingleses, fator que incidiu sobre o distanciamento progressivo entre os colonos e a administração imperial.

(1.2)
Contexto histórico de São Domingos

No século XVIII, a ilha caribenha de Hispaniola estava dividida entre franceses e espanhóis. São Domingos, a parte francesa, produzia diversos produtos (os principais eram o café e o açúcar), sendo uma lucrativa colônia primário-exportadora para a Coroa francesa. Em pouco tempo, a colônia francesa começou a produzir mais do que as colônias britânicas nas Antilhas – o que acirrou a disputa entre esses dois rivais históricos. Além disso, a independência dos Estados Unidos havia sido um grande golpe na produção açucareira da Inglaterra, e os produtores de São Domingos se aproveitaram da situação.

Esse rápido crescimento ocorreu por meio do trabalho de centenas de escravizados africanos, desembarcados no Caribe para trabalhar nas *plantations* açucareiras. Os escravizados formavam um importante grupo nessa sociedade, que também contava com uma elite branca proprietária de terras e escravizados, chamada *grands blancs*; com uma parcela de pequenos comerciantes e artesãos, denominados *petits blancs*; e com um grupo de escravizados libertos, denominados *affranchis*. Esse último grupo, por vezes, chegava a postos administrativos e a adquirir propriedades, mas não tinha poder político efetivo na ilha. Nesse contexto, o grupo social dirigente, os *grand blancs*, alimentaram um antagonismo e uma oposição crescente às medidas metropolitanas, ao passo que também mantinham acirradas disputas com os demais brancos livres, sobretudo os comerciantes.

O processo de independência de São Domingos difere muito dos processos das colônias americanas, pois não foi da disputa entre a elite local e a metrópole que surgiu o ímpeto da emancipação, mas de onde menos se esperava: dos *affranchis*.

Os primeiros movimentos ocorreram em 1790, quando os *affranchis*, buscando igualar-se aos brancos, arquitetaram uma rebelião. Para efetivar seu objetivo, eles buscaram apoio na rival histórica da metrópole francesa: a Inglaterra. Porém, a situação ficou tão tensa que uma rebelião de maiores proporções se tornou inevitável (Guazzelli; Wasserman, 1996, p. 92-94).

Devido à riqueza e fertilidade de São Domingos, que evidenciava um grande potencial produtivo, houve várias divergências entre os habitantes e a metrópole no período que antecedeu a guerra de independência, visto que ambos os lados reconheciam esse potencial.

(1.3)
A GUERRA DE INDEPENDÊNCIA DOS ESTADOS UNIDOS[2]

Como visto anteriormente, havia pouco interesse da Coroa britânica pela América do Norte, o que proporcionou aos colonos dos Estados Unidos grande autonomia política, que fez com que eles passassem a reclamar seus direitos como residentes do Império Britânico.

> De acordo com Jack Greene (2000), o que os colonos da América do Norte inicialmente buscavam não era uma guerra de independência, mas negociar seu grau de autoridade com a metrópole inglesa. Em outras palavras, eles almejavam uma convivência pacífica que possibilitasse a eles as proteções mercantis asseguradas pelos ingleses, o poder de decisão nos assuntos referentes aos Estados Unidos e seu reconhecimento como membros do império.

Embora a administração imperial não se sentisse ameaçada pelos colonos em seu poderio e domínio, ela também não os reconhecia como cidadãos ingleses – um ponto de desacordo fundamental para compreender como essa relação amigável entre metrópole e colônia mudou radicalmente, desembocando em uma das maiores guerras de independência do continente.

---

2 *Caso deseje aprofundar seus conhecimentos sobre a história dos Estados Unidos, sugerimos a obra* História dos Estados Unidos: das origens ao século XXI, *de Karnal et al. (2010). As informações legais mencionadas nesta seção (leis, atos, declarações e Constituição) foram elaboradas com base nessa obra.*

A tensão entre colônia e metrópole aumentou quando a Inglaterra passou a encarar suas Treze Colônias como uma saída rentável à crise financeira proveniente da **Guerra dos Sete Anos** (1756-1763). Isso levou a Coroa a criar uma série de novos impostos e taxas para equilibrar as finanças, iniciativa que recebeu uma reação quase imediata por parte dos colonos.

Como é possível perceber, a guerra de independência dos Estados Unidos – diferentemente das demais ocorridas no continente – não teve raízes em disputas religiosas e tensões sociais internas, mas na reação dos colonos às decisões administrativas imperiais de aumentar os impostos. De acordo com Greene (2000), os britânicos geriam uma nova ideia de império que os colonos viam como uma afronta às suas liberdades.

Em 5 de abril de 1764, o Parlamento da Grã-Bretanha aprovou a Lei do Açúcar, elevando o valor dos tributos sobre o açúcar e derivados da cana que não fossem originários das possessões inglesas nas Antilhas. Além disso, produtos como vinho, artigos de luxo, tecidos e café também sofreram taxação. Embora essa não fosse uma cobrança inédita, a ineficiência da Inglaterra em organizar a cobrança de impostos na colônia fez com que muitos colonos jamais tivessem pago tais encargos antes. Assim, o que realmente gerou revolta não foi a existência da lei em si, mas o esforço inglês em fazê-la cumprir depois de tantos anos de negligência com relação à sua política alfandegária nas colônias norte-americanas (Karnal et al., 2010).

Ainda em 1764, uma nova lei foi aprovada: a **Lei da Moeda**. Essa nova disposição proibia a impressão de uma espécie de papel de crédito – que até então era a moeda utilizada nas Treze Colônias. Somado a isso, pouco tempo depois, no mesmo ano, foi aprovada a **Lei de Hospedagem**, que previa modelos para que os colonos norte-americanos albergassem e alimentassem oficiais do exército britânico obrigatoriamente. No ano seguinte, foi aprovada a **Lei do Selo** (1765), que consistia em uma forma de taxação de materiais publicados. Essa lei tornava obrigatório o uso de um selo com o timbre britânico em todos os documentos, jornais e livros.

Essas novas leis procuravam impor limites à autonomia das colônias, interferindo diretamente em seus assuntos e tornando a administração colonial barata e lucrativa (Karnal et al., 2010). Entretanto, o estabelecimento dessas medidas acabou criando um clima de tensão, o que levou os colonos a organizarem uma série de protestos e boicotes. Para legitimar o argumento de que não atenderiam à legislação imposta pela Coroa por não terem representantes no Parlamento, os colonos adotaram como lema um trecho da própria Magna Carta: "Não pode haver tributação sem representação" (Gebara, 2010, p. 21). Por outro lado, a Inglaterra apertava o cerco colonial e criava um tribunal para julgar atos contrários às disposições da Coroa.

Diante desse impasse, os colonos iniciaram a organização da resistência aproveitando-se da convocatória para o Congresso da Lei do Selo, realizado ainda em 1765, em Nova York, com o intuito de avaliar a situação tributária das colônias e exigir direitos como membros do Império Britânico. Essa reunião resultou na **Declaração de Direitos e Reivindicações** (1765), documento em que, altamente influenciados pelos pensamentos do filósofo inglês iluminista e liberal John Locke (1632-1704), os colonos explicitavam suas expectativas e demandas ao Império Britânico.

Notavelmente, o documento reafirmava a lealdade à Coroa britânica, porém era bastante explícito no que se referia às liberdades e aos direitos dos colonos, sobretudo à sua posição de aceitar apenas impostos e decisões vindas de suas próprias assembleias coloniais, como podemos observar nas disposições cinco e seis da Declaração:

> 5. *Que os únicos representantes do povo destas colônias são pessoas escolhidas por eles mesmos; E que nenhum imposto nunca foi, ou poderá ser imposto constitucionalmente sobre eles, a não ser por suas respectivas legislaturas.*
>
> 6. *Que todos os suprimentos à Coroa são presentes livres do povo, é irracional e inconsistente com os princípios e o espírito da constituição britânica, que o povo da Grã-Bretanha conceda à sua majestade a propriedade dos colonos.* (Declaration..., 1765, tradução nossa)

Como é possível perceber, a última disposição solicita claramente a revogação da Lei do Selo, que, no fim das contas, era o objetivo central do documento. Apesar de reafirmarem a relação de lealdade com a Inglaterra, os colonos não esconderam que o objetivo da Declaração era a extinção e a prevenção contra leis que fossem prejudiciais ao comércio e à autonomia locais.

> *Por fim, que é o dever indispensável destas colônias, para o melhor dos soberanos, para a pátria e para si, esforçar-se por um discurso leal e obediente a sua majestade e humildes pedidos às duas casas do parlamento que obtenha a revogação do ato de concessão e aplicação de certas obrigações de selo, de todas as cláusulas de quaisquer outros atos do parlamento, em que a jurisdição do almirantado se estende como acima referido, e de outros atos posteriores para a restrição do comércio americano.* (Declaration..., 1765, tradução nossa)

Nesse cenário conflituoso, a Lei do Selo foi, por fim, revogada. Embora a Inglaterra inicialmente tenha retrocedido, parecendo acuada pelos protestos e pela revolta da elite colonial, ela não demorou muito a avançar ainda mais.

Seguindo a Lei do Selo, foram aprovados os **Atos Townshend** (1767), que, entre outras medidas administrativas, tinha por objetivo estabelecer padrões legais para tributação das colônias – até mesmo de produtos comuns, como vidro e corantes. Outra medida dos Atos foi a entrega do monopólio do comércio do chá para uma companhia privada. Essas medidas – em especial a última – levaram a uma nova onda de boicotes e protestos. Mesmo com a revogação dos Atos, as Treze Colônias estavam no curso da guerra.

A hostilidade entre colonos e metrópole atingiu um novo patamar em 5 de março de 1770, no **Massacre de Boston**, quando cinco colonos foram mortos por soldados ingleses e mais seis ficaram feridos. Rapidamente, relatos do ocorrido em Boston passaram a percorrer a colônia, mobilizando aqueles que eram adeptos da separação e colocando o conflito armado no horizonte da vida colonial.

Em 1773, novamente em Boston, um protesto de colonos piorou a tensão entre a metrópole e as Treze Colônias. A destruírem um carregamento de chá na **Festa do Chá de Boston**, os colonos evidenciaram que a ideia de emancipação estava cada vez mais popular (Karnal et al., 2010, p. 79).

A Inglaterra, no entanto, estava irredutível. Um ano depois, a Coroa Britânica passou a emitir uma série de *leis intoleráveis*, assim chamadas pelos colonos norte-americanos por suas medidas rígidas – o caso mais conhecido foi o fechamento do porto de Boston. Foi assim que a Inglaterra colocou definitivamente os Estados Unidos no caminho da independência.

Os representantes de todas as colônias realizaram um congresso, intitulado *Congresso Continental*, para negociar a situação do território. Nessa oportunidade, apesar de os ideais de liberdade que justificariam a independência já se manifestarem, o que ficou evidente foi o conservadorismo dos colonos, que decidiram manter e reafirmar a lealdade das colônias ao rei – ainda que tenham mantido a pressão. A Inglaterra, entretanto, além de não aceitar tais exigências – embora inicialmente tenha feito algumas concessões –, tornou o exército britânico mais numeroso nos Estados Unidos, o que acabou sendo o estopim do conflito armado (Karnal et al., 2010).

No início de 1775, estourou a guerra de independência dos Estados Unidos. Um ano mais tarde, os colonos emitiram a **Declaração de Independência dos EUA**. O documento era fortemente influenciado pelos filósofos iluministas e mesclava essa abordagem ao discurso religioso (Karnal et al., 2010, p. 86), como podemos observar logo em seu início:

> *Quando, no decurso da História do Homem, se torna necessário a um povo quebrar os elos políticos que o ligavam a um outro e assumir, de entre os poderes terrenos, um estatuto de diferenciação e igualdade ao qual as Leis da Natureza e do Deus da Natureza lhe conferem direito, o respeito que é devido perante as opiniões da Humanidade exige que esse povo declare as razões que o impelem à separação.* (Estados Unidos da América, 1776)

O fato de desafiar a maior potência do mundo da época levou os norte-americanos a atribuir um senso de grandiosidade à sua revolta. Podemos observar na documentação que suas atitudes foram tomadas como justas e corretas e que a autoridade do povo foi considerada solene, respeitável e da mais alta grandeza:

> *Assim sendo, nós, Representantes dos ESTADOS UNIDOS DA AMÉRICA, reunidos em Congresso Geral, suplicando ao Juiz Supremo do mundo pela retidão das nossas intenções, em nome e com a **autoridade que o nobre Povo destas Colônias nos conferiu**, anunciamos e declaramos solenemente que estas Colônias Unidas são e devem ser por direito ESTADOS LIVRES E INDEPENDENTES.* (Estados Unidos da América, 1776, grifos do original)

Contudo, a Declaração de Independência não foi suficiente para encerrar os conflitos com a Inglaterra. A guerra contra as colônias foi mantida, na medida em que a nação europeia se recusava a reconhecer a existência do novo país americano.

> **Preste atenção!**
>
> Você provavelmente já ouviu falar de **Benjamin Franklin** (1706-1790), renomado cientista que ficou famoso por realizar experimentos com eletricidade. Politicamente falando, no entanto, seu feito mais proeminente foi o de conseguir apoio da Espanha e da França na luta contra os ingleses. Com o suporte da marinha e do exército franceses, os norte-americanos puderam organizar adequadamente suas estratégias de guerra.
>
> Os Estados Unidos também contaram com a ajuda indireta da Holanda, que aproveitou a situação na América do Norte para atacar outras colônias britânicas, desestabilizando ainda mais os ingleses (Karnal et al., 2010).

Com o intuito de consolidar de fato a nova nação que nascia, os representantes coloniais elaboraram um documento chamado ***Artigos da Confederação e da Perpétua União*** (Penna, 2013). Em 1781, os Artigos tornaram os Estados Unidos oficialmente um país independente, formado por estados soberanos que decidiram se juntar por compartilharem objetivos comuns. O mais imediato desses objetivos era, certamente, a vitória sobre a Inglaterra na guerra – a qual se estendeu até 1783. Nesse ano, a Inglaterra assinou o **Tratado de Paris** (1783), no qual reconhecia oficialmente a independência dos Estados Unidos (Penna, 2013).

(1.4)
A Revolução Haitiana

Na década de 1790, São Domingos passou por um período de grande tensão entre os *affranchis*, os *grands blancs* e os *petits blancs*. Isso fez com que esses grupos não percebessem a ação dos escravizados, que também tinham suas aspirações e organizaram-se para iniciar uma rebelião que mudaria a história da América para sempre.

Além das tensões entre os grupos, a ilha passou a sofrer interferências externas. A Inglaterra, por exemplo, desejava reaver o controle perdido sobre o local e, para tanto, apoiou os *grands blancs*. Já a Espanha, que dominava metade da Ilha de Hispaniola e tinha aspirações de controle total, apoiou os escravizados. A pressão estrangeira, por sua vez, obrigou a França a apoiar os *affranchis*. Isso levou a pequena ilha caribenha a se tornar palco de uma das maiores guerras de independência do continente.

> O traço mais distintivo da emancipação do Haiti está no fato de que não foi possível parar – nem mesmo com o envio de um grande exército militar por parte dos franceses – a revolta dos escravizados, iniciada em 1791 (Guazzelli; Wasserman, 1996).

Em 1793, devido ao número de derrotas, os franceses se viram impelidos a abolir a escravidão na ilha. Para isso, convocaram os recém-libertos para as fileiras de seu exército. De acordo com Guazzelli e Wasserman (1996), isso rendeu o alistamento de, aproximadamente, quatro mil homens.

Esses novos soldados foram comandados por uma das figuras mais emblemáticas da Revolução Haitiana: **Toussaint Louverture** (1743-1803). Antes da rebelião, Toussaint foi um escravo doméstico com uma educação rara para a época. No exército, provou seu valor se tornando um grande líder e garantindo vitórias importantes para a França. Como exemplo podemos citar as vitórias sobre a Inglaterra, que precisou cessar o apoio prestado aos *grands blancs*.

Uma vez restabelecido o domínio francês em São Domingos, Toussaint foi alçado ao posto de governador-geral e comandante das armas local, sendo que a ilha ainda era, nesse ponto, uma colônia francesa. Logo que chegou ao poder, ele iniciou a reorganização da ilha, enviando os antigos escravizados de volta às *plantations*, mas como trabalhadores assalariados, transformando-os em **coultivateurs**.

Contudo, é válido ressaltarmos que esse processo de mudança não ocorreu de forma pacífica. Havia resistência dos libertos em se tornar assalariados nas *plantations*, uma vez que, não raro, a vida como camponeses oferecia condições melhores de sobrevivência. Isso ocorria porque, como camponeses, os libertos teriam mais liberdade com relação ao trabalho no campo, enquanto como assalariados estavam subordinados à lógica produtiva das grandes monoculturas, ou seja, das *plantations*. Além disso, a maior parte da produção passou a ficar nas mãos do Estado e dos trabalhadores.

A primeira impressão causada possivelmente seja a de que, ao priorizar os libertos, Toussaint negligenciou os proprietários de terras e comerciantes. Porém, o governador-geral de São Domingos procurou insistentemente recuperar a economia por meio do restabelecimento das condições necessárias para que os *grands blancs* voltassem a fazer negócios.

Entretanto, as medidas adotadas por Toussaint não tiveram o efeito desejado e a tão sonhada recuperação econômica não ocorreu. Com isso, cresceu a oposição de *affranchis, grands blancs* e, finalmente, da própria França – que na época estava sob o controle de **Napoleão Bonaparte** (Guazzelli; Wasserman, 1996).

No início de 1800, a França começou a retomar as operações na ilha, invadindo e capturando a porção espanhola de Hispaniola e aprisionando Toussaint, que morreu encarcerado em 1803. Contudo, a resistência foi massiva e a escravidão não pôde ser restabelecida na ilha, nem o pacto colonial.

Outro fator com o qual os franceses não contavam era o legado de Toussaint: ele havia deixado seguidores que não cessaram de lutar por suas pautas. Logo após sua prisão, um de seus tenentes mais próximos, o liberto **Jean-Jacques Dessalines** (1758-1806), assumiu o posto de comandante do exército.

Uma longa e custosa guerra se seguiu. Porém, em 1804, o exército de Dessalines conseguiu a vitória, proclamando a independência do Haiti, nome de origem indígena que designava a ilha antes da chegada dos europeus.

Seguindo a mesma linha administrativa de Toussaint, Dessalines confiscou propriedades e determinou o fim de privilégios dos *grands blancs*. Isso fez com que esse grupo prosseguisse com sua oposição a Dessalines. Além disso, os *affranchis* também continuaram na oposição, uma vez que a concentração de propriedades continuava nas mãos do Estado.

Assim, quando Dessalines foi assassinado em 1806, libertos, *affranchis* e brancos livres voltaram a se engalfinhar em uma guerra civil, até que o país foi dividido entre seguidores de Toussaint e *affranchis*. Os primeiros estabeleceram domínio no Norte da ilha, enquanto os segundos criaram uma república no Sul. Contudo, nenhum dos governos foi capaz de recuperar a economia de outrora, o que levou o jovem Haiti a um longo período de disputas entre libertos, *affranchis* e, por vezes, espanhóis (Guazzelli; Wasserman, 1996).

(1.5)
EFEITOS DAS INDEPENDÊNCIAS DOS ESTADOS UNIDOS E DO HAITI NA AMÉRICA LATINA

As duas primeiras nações a se tornarem independentes na América tiveram processos de emancipação tão distintos quanto foram seus efeitos no restante do continente.

O Haiti, tão logo alcançou sua independência, passou a ser visto como um aviso às outras nações latino-americanas: além da formação de um Estado de libertos revolucionários, houve um vertiginoso declínio econômico e perdas para a elite branca. Isso fez com que as elites dirigentes dos demais países latino-americanos identificassem a independência do Haiti como mais uma consequência da temerosa Revolução Francesa (Guazzelli; Wasserman, 1996).

Além disso, a independência do Haiti despertou as demais elites latino-americanas, chamando a atenção para o poder de organização e a força dos movimentos de escravizados e libertos. Sem dúvida, isso impactou nas ações dos grupos dominantes em outras localidades do continente, uma vez que eles procuraram articular sua dominação de modo a evitar revoltas e rebeliões das camadas populares.

Por outro lado, a independência dos EUA foi vista como um exemplo positivo, sobretudo para os grupos mais abastados – que começaram a vislumbrar a libertação das colônias não só como algo viável, mas também benéfico para os negócios. Membros das elites latino-americanas começaram a considerar que se havia sido possível para os colonos norte-americanos derrotar a poderosa Inglaterra sem esfacelar-se – como o Haiti –, seria possível também derrotar Espanha e Portugal sem perder o controle sobre a política e os negócios locais. De acordo com Guazzelli e Wisserman (1996, p. 98), "o modelo norte-americano parecia exequível ao mesmo tempo em que não apresentava aos *criollos* os riscos de uma mobilização das *classes perigosas*".

Além disso, os colonos norte-americanos haviam provado que era possível fazer acordos e manter um esforço de guerra concreto que levasse as nações da Europa a reconhecerem sua autonomia. Dessa maneira, os ideais dos Pais Fundadores dos Estados Unidos encontraram eco nas elites exportadoras latino-americanas, sobretudo porque o modelo de independência adotado pelos norte-americanos tinha bases liberais e não exigia a libertação dos escravizados. Não demorou para que esse alinhamento ideológico se traduzisse em uma aproximação comercial entre a elite *criolla* hispânica (composta, basicamente, por descendentes de espanhóis na América) e homens de negócios norte-americanos (Guazzelli; Wasserman, 1996).

Outro efeito da independência dos EUA na América Latina foi a conscientização do lento processo de desmantelamento do regime colonial nesta parte do mundo. Soma-se a isso o fato de que as colônias hispânicas na América Latina não sabiam muito sobre a vida, os costumes e os acontecimentos da América do Norte – o que contribuiu para que a guerra empreendida pelos norte-americanos fosse vista com entusiasmo.

O pouco que se sabia dos Estados Unidos era fruto de diários de viagens – como aquele produzido por Hipólito da Costa, visto no início do capítulo. Notavelmente, um dos viajantes mais famosos a visitar os Estados Unidos foi **Francisco de Miranda** (1750-1816), figura fundamental no processo de independência da Venezuela.

Todavia, nem todas as medidas organizacionais dos Estados Unidos eram bem vistas pelos líderes latino-americanos. O modelo federalista e o sistema político-econômico de base liberal não agradavam os revolucionários – que tinham planos de uma América Latina centralizada.

Apesar de alguns líderes militares latino-americanos terem confiado na ajuda bélica dos Estados Unidos, como Francisco de Miranda e o próprio **Simón Bolívar** (1783-1830), isso nunca veio a acontecer. Contrariando as expectativas dos revolucionários latinos, os Estados Unidos resolveram apoiar os espanhóis.

Esses foram os primeiros movimentos de uma relação complexa e imbricada entre os Estados Unidos e a América Latina. O fascínio e a influência que a vitória sobre a metrópole inglesa causou nas outras nações do continente alteraram processos de independência e inspiraram líderes. Os próprios Estados Unidos tinham noção dos efeitos de sua independência, tanto que não demorou para que a nova nação passasse a pensar políticas para a América Latina, inaugurando uma longa história de intervenções.

(1.6)
A COMPARAÇÃO DOS DOIS PROCESSOS DE INDEPENDÊNCIA

De início, precisamos salientar que os modelos coloniais empregados nas Treze Colônias britânicas e na colônia francesa de São Domingos foram absolutamente distintos. Enquanto a colônia francesa era altamente lucrativa, apresentando relações comerciais, em grande parte, controladas pela França, a Inglaterra não parecia se importar muito com as distantes colônias na América do Norte – repletas de antigos problemas sociais –, cujos lucros não faziam muita diferença na renda de sua abastada Coroa. Assim, podemos apontar como primeira grande diferença entre esses países a autonomia.

Enquanto na colônia de São Domingos a autonomia ainda era relativa, disputada e conflituosa, nas Treze Colônias ela era a base das relações políticas, sociais e econômicas. A Inglaterra não precisou, durante muito tempo, do lucro das colônias na América do Norte. A França, por outro lado, tinha, em sua colônia, uma boa fonte de recursos.

Outro aspecto importante é que os Estados Unidos foram forjados por uma elite coesa e autônoma, com liberdade econômica e política, enquanto o Haiti foi produto de uma revolta escrava em um panorama de acirrada presença metropolitana e profundas disputas de poder entre as elites locais. Os norte-americanos buscavam manter a autonomia da qual haviam desfrutado desde a chegada no continente, enquanto as elites haitianas ainda disputavam entre si uma hegemonia – o que lhes impossibilitava gerir planos mais concretos de independência. Para os escravizados africanos, *autonomia* era sinônimo de liberdade, acesso à terra, organização e lealdade.

Apesar das diferenças, os dois países compartilharam algumas características nesse período colonial. Lembre-se de que as colônias mais ao Sul dos Estados Unidos também se baseavam na monocultura primário-exportadora, que utilizava bastante mão de obra escrava africana. Assim, parte das Treze Colônias teve alguns pontos em comum com o desenvolvimento produtivo da colônia de São Domingos.

Síntese

Neste capítulo, demonstramos que a ocupação e a colonização das Treze Colônias norte-americanas foi um processo diferente do restante do continente. Os colonos que foram habitar essas terras eram pobres e desvalidos, encarados como problema social pela Coroa britânica. Em razão da perseguição religiosa na Europa, alguns grupos protestantes também buscaram refúgio na América do Norte.

Conforme pudemos descrever no decorrer do texto, durante o processo de ocupação, os colonos criaram um modelo organizacional próprio, pensado para suas necessidades. Essa autonomia foi possível porque a Inglaterra se ausentou do processo de colonização, pois estava mais preocupada com seus próprios problemas internos e com os conflitos na Europa. Ao avaliarmos essa questão, constatamos que a negligência da Coroa britânica com relação à colonização invalida a ideia de que a América do Norte foi uma colônia de povoamento, visto que a metrópole sequer desenvolveu políticas nesse sentido.

Apesar da negligência inglesa no processo de colonização, a relação entre colônia e metrópole era amigável e proveitosa. Afinal, a Inglaterra era a maior potência do mundo na época, o que permitiu que essa conexão auxiliasse muito os colonos norte-americanos, que tinham o ingresso de seus produtos facilitado em diversos mercados.

Assim, as Treze Colônias passaram décadas vivendo com grande autonomia para gerenciar os assuntos locais e desfrutando de uma boa relação com a Coroa. As colônias mais ao Norte produziam manufaturas, visando ao mercado internacional, enquanto o Sul estava focado na monocultura e no modelo de grande lavoura, o que deixou seu comércio ainda bastante atrelado à Inglaterra.

Após explicarmos esse processo de colonização norte-americano, voltamo-nos à colonização da Ilha de São Domingos, que posteriormente seria conhecida como *Haiti*. Nesse sentido, pudemos destacar as diferenças entre os dois processos, visto que a autonomia em São Domingos era pequena e o território era tomado por diversas disputas internas (grupos sociais locais) e externas (países que queriam estabelecer seu domínio). Essa era uma realidade completamente diversa da das Treze Colônias, principalmente ao levarmos em conta a estrutura social da ilha, composta por uma elite oligárquica branca (*grands brancs*), por brancos livres (pequenos comerciantes e artesãos, chamados *petits blancs*), por escravizados libertos (*affranchis*) e pelos escravizados propriamente ditos.

Essas diferenças sociopolíticas e econômicas entre Estados Unidos e Haiti permitem uma compreensão mais ampla das diferenças nos seus respectivos processos de independência. Nos EUA, a independência foi fruto de uma mudança de panorama: o nascimento do conflito com a Coroa, oriundo da tentativa de domínio tardio e de exploração econômica. Os residentes das Treze Colônias não tinham, em princípio, o desejo de romper com a metrópole, mas de negociar sua autoridade com a administração real. Em outras palavras, eles não desejavam a independência, apenas mais liberdade. Por isso, quando tiveram sua identidade como membros do Império Britânico negada e sua representatividade no parlamento inglês rejeitada, os colonos iniciaram sua guerra contra a Coroa. Nesse sentido, destacamos a influência do pensamento iluminista no processo de independência, especialmente do filósofo John Locke, que concebia governos sem representatividade como ilegítimos e tiranos.

Após a independência, os Estados Unidos se tornaram uma nação poderosa, aparentemente coesa e com certa diversificação econômica – o que seria útil nos primeiros anos, mas controverso nos anos que se seguiram, principalmente no processo de guerra civil, na década de 1860. Os documentos emitidos na época da Independência dos Estados Unidos, como a Declaração de Independência, a Declaração de Direitos e Reivindicações e a Constituição dos Estados Unidos, compõem a legislação dos Estados Unidos até hoje. Além da influência direta das obras de Locke e Montesquieu, esses documentos contaram com forte inspiração do pensamento liberal.

Esses aspectos não foram, absolutamente, observados no caso haitiano. A revolta na ilha partiu de um grupo inusitado: dos escravizados. Articulado politicamente e organizado militarmente, esse grupo conseguiu levar a cabo um processo revolucionário inédito em um cenário de grande caos social, invasões estrangeiras e estagnação econômica. Como pudemos demonstrar, esse processo foi bastante distinto do ocorrido nos Estados Unidos, cuja rebelião dos colonos norte-americanos não constituiu um movimento revolucionário, visto que não buscou destituir do poder as elites que comandavam a localidade – pelo contrário: essa elite lutou justamente para perpetuar essas pessoas no poder e manter a ordem preestabelecida.

Percebendo a inevitabilidade da abolição da escravatura, a França auxiliou os escravizados haitianos em sua revolução. Para isso, designaram o líder Toussaint Louverture para comandar o exército.

Após vencerem a revolução e se tornarem independentes, Toussaint e seus seguidores buscaram implementar uma série de reformas para fornecer terras aos antigos escravizados, ao mesmo tempo que procuraram manter as camadas sociais brancas longe de agitações. No entanto, não foi possível concretizar esse plano, o que levou o país a cair em um longo período de disputas após a independência. Essas disputas aprofundaram a crise local, colocando o novo país em uma recessão crítica que acarretou a pobreza da população e alimentou o caos social.

Os processos de independência abordados neste capítulo tiveram efeitos bem diferentes na América Latina – fato importante para os estudos das demais independências no continente. O processo levado a cabo pelos norte-americanos figurava entre as elites oligárquicas latino-americanas, na maioria das vezes, como um exemplo de luta bem organizada contra uma poderosa potência europeia. Nesse sentido, foram enfatizados os pontos positivos de sua independência, como a aparente estabilidade econômica e social. Por outro lado, a experiência dos seguidores de Toussaint no Haiti foi rechaçada, pois evidenciava como a ação popular organizada poderia ser corrosiva para as elites oligárquicas. O Haiti era visto com um misto de temor e espanto, como uma célula americana do pensamento radical da Revolução Francesa, um mal a ser evitado por oligarquias que visavam consolidar seu controle local.

Atividades de autoavaliação

1. Entre os principais descontentamentos das Treze Colônias com relação à Coroa britânica, podemos salientar a taxação inglesa sobre produtos. Contudo, ao contrário do que a historiografia clássica sobre o assunto costuma admitir, não foram exatamente os tributos que incomodaram a elite colonial, mas sim:
   a) o valor abusivo taxado sobre o chá, um dos produtos de exportação colonial mais importantes.
   b) o esforço inglês em fazer cumprir tais tributações, pois a Coroa foi negligente por quase dois séculos com a política alfandegária nas colônias norte-americanas.
   c) a aprovação da Lei do Açúcar, que diminuiu a valorização desse produto e seus derivados, valorizando o que era produzido nas possessões britânicas nas Antilhas.
   d) a criação de cargos administrativos responsáveis pela fiscalização dos tributos, os quais só poderiam ser ocupados por membros da elite britânica.

2. Sobre as divisões sociais internas da colônia de São Domingos, é correto afirmar que:
   I) os *grands blancs* compunham a maior parcela da população e tinham pouca autonomia política.
   II) os *petits blancs* compunham uma camada social formada por pequenos comerciantes e artesãos.

III) os *affranchis* eram escravizados libertos que passaram a ocupar lentamente postos administrativos e a adquirir propriedades.

IV) os *petits blancs*, motivados por interesses similares, uniram-se aos *affranchis* e organizaram as primeiras iniciativas de independência na colônia.

Agora, assinale a alternativa correta:

a) Somente as alternativas I e III estão corretas.
b) Somente as alternativas II e III estão corretas.
c) Somente as alternativas I e IV estão corretas.
d) Somente as alternativas II e IV estão corretas.

3. Sobre as características agrícolas das colônias norte-americanas, é correto afirmar:
    a) O Sul era marcado por uma economia manufatureira e pelo desenvolvimento de um mercado interno.
    b) O clima temperado das colônias ao Norte, semelhante ao europeu, propiciou o desenvolvimento de uma economia exportadora, sendo a Inglaterra a principal compradora.
    c) As colônias do Norte produziam manufaturas voltadas ao mercado interno e apresentavam uma configuração agrária particular, formada majoritariamente por pequenas propriedades de agricultura familiar, enquanto as colônias do Sul investiam na monocultura extensiva, como a do tabaco.
    d) A economia das colônias do Sul era atrelada ao mercado inglês, por isso os colonos da região temiam que a independência prejudicasse seu desenvolvimento agrícola.

4. A independência dos Estados Unidos foi compreendida por outras nações americanas, sobretudo pelos grupos mais abastados, como um exemplo viável e benéfico para os negócios, haja vista que os membros das elites latino-americanas vislumbraram a possibilidade de derrotar importantes potências como Espanha e Portugal sem perder o controle sobre a política e os negócios locais. Por outro lado, a independência da colônia de São Domingos não foi vista da mesma maneira, pois:

   a) representou um alerta para as demais elites latino-americanas, evidenciando o poder de organização e a força dos movimentos de escravizados e libertos.
   b) evidenciou a fragilidade da economia colonial, pois a produção açucareira foi impactada diretamente pelo processo de independência, prejudicando os interesses da elite local.
   c) demonstrou a força política dos movimentos de libertos, que após a independência passaram a ocupar os maiores cargos administrativos, alterando a configuração da elite local.
   d) expôs os perigos eminentes de um processo emancipatório ao demonstrar a necessidade de interferência da metrópole na economia colonial.

5. É inegável que o processo de independência desencadeado pelas Treze Colônias, afugentando as tentativas de dominação inglesas, influenciou diretamente outros processos emancipatórios na América. Líderes militares como Francisco de Miranda e Simón Bolívar buscaram estreitar as relações com os norte-americanos para conseguir apoio bélico em

suas empreitadas. No entanto, as elites dos Estados Unidos resolveram apoiar os espanhóis, chegando a oferecer navios e armamento para as tropas ibéricas.

Sobre as atitudes adotadas pelos Estados Unidos nos demais processos de independência da América, é correto afirmar:

a) Os norte-americanos não participaram de outros processos de independência, pois os conflitos com a Inglaterra deixaram a economia interna em franca decadência.
b) Os norte-americanos não participaram de movimentos de independência, pois temiam uma ação repressiva da França e da Espanha, que poderiam retomar os processos coloniais nas Américas.
c) As tropas militares norte-americanas participaram apenas do processo de emancipação da colônia de São Domingos, ao lado dos franceses, em resposta ao apoio recebido durante a Guerra de Independência das Treze Colônias.
d) A elite norte-americana soube reconhecer o impacto causado por seu processo de independência e utilizar essa influência para travar acordos políticos e econômicos que fizessem o país emergir como uma importante potência.

Atividades de aprendizagem

Questões para reflexão

1. Visando explicar as principais diferenças econômicas entre Brasil e Estados Unidos, convencionou-se adotar uma explicação simplista de que enquanto os portugueses empreenderam uma missão exploratória na Terra de Santa Cruz, os ingleses teriam desenvolvido uma estratégia de povoamento. Com base nas discussões propostas neste capítulo,

argumente por que a denominação *colônia de povoamento* é indevida para classificar as Treze Colônias. Além disso, indique as principais características desse processo colonizador.

2. Um dos traços mais marcantes da emancipação da colônia de São Domingos foi a dimensão que as revoltas escravas atingiram. Essa atuação foi tão impactante que, apesar das investidas militares, os franceses se viram impelidos a abolir a escravidão. Explique como ocorreu esse processo e quais foram as atitudes dos recém-libertos naquela sociedade.

Atividade aplicada: prática

1. Leia os trechos a seguir:

Trecho 1:

4. Para compreender corretamente o poder político e traçar o curso de sua primeira instituição, é preciso que examinemos a condição natural dos homens, ou seja, um estado em que eles sejam absolutamente livres para decidir suas ações, dispor de seus bens e de suas pessoas como bem entenderem, dentro dos limites do direito natural. (Locke, 2001, p. 83)

Trecho 2:

199. Assim como a usurpação consiste em exercer um poder a que um outro tem direito, a tirania consiste em exercer o poder além do direito legítimo, o que a ninguém poderia ser permitido. É isto que ocorre cada vez que alguém faz uso do poder que detém, não para o bem daqueles sobre os quais ele o exerce, mas para sua vantagem pessoal e particular; quando o governante, mesmo autorizado, governa segundo sua vontade, e não segundo as leis, e suas ordens e ações não são dirigidas à preservação das propriedades de seu povo, mas à satisfação de sua própria ambição, vingança, cobiça ou qualquer outra paixão irregular. (Locke, 2001, p. 206)

Trecho 3:

202. [...] Toda pessoa investida de uma autoridade que excede o poder a ele conferido pela lei, e faz uso da força que tem sob seu comando para atingir o súdito com aquilo que a lei não permite, deixa de ser um magistrado; e, como age sem autoridade, qualquer um tem o direito de lhe resistir, como a qualquer homem que pela força invada o direito de outro. (Locke, 2001, p. 207-208)

Trecho 4:

Consideramos estas verdades como evidentes por si mesmas, que todos os homens são criados iguais, dotados pelo Criador de certos direitos inalienáveis, que entre estes estão a vida, a liberdade e a procura da felicidade. Que a fim de assegurar esses direitos, governos são instituídos entre os homens, derivando seus justos poderes do consentimento dos governados; que, sempre que qualquer forma de governo se torne destrutiva de tais fins, cabe ao povo o direito de alterá-la ou aboli-la e instituir novo governo, baseando-o em tais princípios e organizando-lhe os poderes pela forma que lhe pareça mais conveniente para realizar-lhe a segurança e a felicidade. (A Declaração..., 2017)

Os princípios iluministas defendidos por teóricos como John Locke e Montesquieu influenciaram diretamente a elite colonial norte-americana, evidenciando os interesses dos colonos de romperem com a Inglaterra.

Analisando os trechos citados, discorra sobre como a *magnus opus* de John Locke se relaciona com o documento redigido pelos colonos, destacando os argumentos iluministas na disputa pela independência.

Capítulo 2
As independências latino-americanas

Neste segundo capítulo, abordamos as independências das nações latino-americanas, tendo em vista as tensões entre a metrópole, as elites coloniais e as camadas populares. Nesse sentido, também levamos em conta como os eventos europeus – como a Revolução Francesa e as invasões napoleônicas à Península Ibérica – afetaram a América Latina.

Outro aspecto importante que analisamos são as diferenças entre os processos de independência da América espanhola e o caso brasileiro, salientando as lutas dos grupos marginalizados e os movimentos precursores. Também destacamos alguns pontos em comum nesses processos, como a violência nos embates contra as autoridades europeias e o medo das elites perante a possibilidade de organização das classes populares.

Para facilitar a compreensão da disparidade dos movimentos emancipatórios latino-americanos e analisar os casos emblemáticos desses processos, dividimos o capítulo em *independências radicais* e *independências conservadoras*.

Por fim, trataremos ainda da questão de como a historiografia vem lidando com o tema das independências na América e do conceito de *revolução*.

(2.1)
AMÉRICA LATINA NO CAMINHO DA INDEPENDÊNCIA: AS RELAÇÕES ENTRE COLONOS E COLONIZADORES

As independências das nações latino-americanas não podem ser compreendidas sem resgatarmos o passado colonial do continente.

Cansadas da pesada carga fiscal imposta pelo Império, vendo seus privilégios serem ameaçados pela administração metropolitana e sem direito à representação na Coroa, as elites coloniais hispano-americanas iniciaram uma articulação que visava à emancipação política e econômica dos territórios americanos. Enquanto isso, a Europa estava vivendo um momento de consolidação do Iluminismo, de Revolução Industrial e de disseminação do capitalismo (Guazzelli; Wasserman, 1996).

Nessa época, a Espanha se apresentava como uma das metrópoles europeias mais tradicionais, embora estivesse enfraquecida e apresentasse um grau desenvolvimento econômico menor do que o verificado em outras monarquias. Dessa forma, o Império Hispânico dependia economicamente de suas colônias no Novo Mundo.

Para reerguer a Espanha, foram propostas diferentes tendências políticas, econômicas e sociais, antigas e modernas, que passaram a coexistir em sua administração. Entre as correntes de pensamento que influenciaram essas propostas estavam os fisiocratas, os defensores do mercantilismo e do liberalismo. Porém, sem dúvida, uma das maiores influências veio do Iluminismo (Lynch, 1991).

Com relação à influência iluminista na América Latina, visões historiográficas tradicionais procuraram realçar sua importância e repercussão, porém, precisamos relativizar esse posicionamento. De acordo com Guazzelli e Wasserman (1996), é necessário desconstruir essa ideia, uma vez que as versões ibéricas do Iluminismo foram bastante distintas da inglesa e da francesa. Soma-se a isso o fato de que a América Latina não vivenciou revoluções burguesas, o que acabou moldando o entendimento e a aplicação de conceitos iluministas a outra realidade. Um exemplo disso são as **Reformas Bourbônicas**, provavelmente o movimento europeu com maior influência iluminista a ser aplicado na América hispânica (Guazzelli; Wasserman, 1996).

> As Reformas Bourbônicas causaram uma grande mudança na relação entre metrópole e colônia. A partir de 1750, a monarquia ilustrada dos Bourbons – desejosa de equilibrar suas finanças – iniciou um esforço para aumentar a renda da Coroa espanhola[1], que implicou a revitalização de todo seu setor agrário. Esse esforço contava com o estabelecimento de um livre-comércio entre a Espanha e suas colônias e uma reforma burocrática – que tornou a administração espanhola mais moderna e centralizada. Como é possível imaginar, essas medidas tiveram um impacto ímpar na produção colonial, sobretudo na dependência das colônias com relação à metrópole e à divisão do trabalho.

Na América, duas novas unidades administrativas da Coroa espanhola surgiram em virtude das Reformas Bourbônicas: o **Vice-Reino do Rio da Prata**, em 1776, e a **Capitania Geral da Venezuela**, sete anos mais tarde. Em razão de sua localização e dos gêneros cultivados e exportados, essas duas regiões se mostraram lucrativas, o que levou o rei espanhol a ver nelas uma oportunidade de equilibrar os cofres drenados por inúmeros conflitos armados (Lynch, 1991).

Dessa maneira, a administração da América espanhola no final do século XVIII ganhou a seguinte configuração:

---

1   Nessa época, os Bourbons estavam governando a Espanha.

Figura 2.1 – América espanhola – Administração

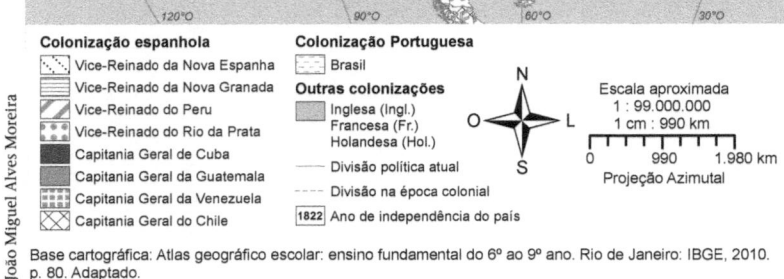

Colonização espanhola
- Vice-Reinado da Nova Espanha
- Vice-Reinado da Nova Granada
- Vice-Reinado do Peru
- Vice-Reinado do Rio da Prata
- Capitania Geral de Cuba
- Capitania Geral da Guatemala
- Capitania Geral da Venezuela
- Capitania Geral do Chile

Colonização Portuguesa
- Brasil

Outras colonizações
- Inglesa (Ingl.)
- Francesa (Fr.)
- Holandesa (Hol.)

— Divisão política atual
--- Divisão na época colonial
1822 Ano de independência do país

Escala aproximada
1 : 99.000.000
1 cm : 990 km

0 990 1.980 km
Projeção Azimutal

Base cartográfica: Atlas geográfico escolar: ensino fundamental do 6º ao 9º ano. Rio de Janeiro: IBGE, 2010. p. 80. Adaptado.

Fonte: Arruda, 2010. p. 22.

De maneira geral, as Reformas Bourbônicas demonstraram que não interessava à administração espanhola mudanças profundas na relação com as colônias americanas. Conforme aponta Lynch (1991), o objetivo primordial da Coroa espanhola era reformar estruturas e instituições já existentes e, ao mesmo tempo, dar novo fôlego para a agricultura, mas sem investir no comércio entre as colônias. Naturalmente, esse plano de modernização não concebia o desenvolvimento industrial das colônias. Além disso, o comércio de produtos fundamentais – como tabaco, aguardente e pólvora – era dominado por monopólios cuidadosamente controlados pela Coroa. Assim, investir no setor agrário colonial era também reforçar o principal setor da economia espanhola.

De maneira geral, o quadro que se apresentava foi bem resumido por Lynch (1991, p. 14, tradução nossa): "A metrópole não contava com os meios ou não tinha interesse em oferecer os diversos fatores de produção necessários para o desenvolvimento, para investir em crescimento e para coordenar a economia imperial".

Isso evidencia que a intenção de centralidade e integração das Reformas Bourbônicas não diminuiu as rivalidades nem eliminou os conflitos na América espanhola. O Império Espanhol ainda lutava com as consequências de uma economia não integrada e de um mundo colonial pouco articulado. O grande número de países que passaram a surgir na América com os processos de independência é uma prova disso. Tais disputas ocorreram em meio a um crescimento demográfico colonial significativo e a uma perda de poder da Igreja. A monarquia ilustrada dos Bourbons retirou privilégios da Igreja e expulsou os jesuítas da América espanhola em 1767, alterando uma antiga relação de parceria entre o poder real e o clero (Lynch, 1991).

Enquanto isso, um turbilhão de eventos sacudia a Europa, principalmente a França, que foi arrebatada por um movimento revolucionário de proporções jamais vistas: a **Revolução Francesa** (1789-1799). A América sentiu o golpe desferido contra o Antigo Regime francês e as colônias desse país foram, naturalmente, as primeiras afetadas pelos eventos revolucionários.

Nas demais colônias hispânicas, a Revolução Francesa foi vista dubiamente: de um lado, como exemplo de organização e poder de mudança; de outro, como um modelo a ser evitado por seu radicalismo e sua imprevisibilidade. De qualquer maneira, adicionava-se à equação das independências o temor crescente das elites com relação às camadas sociais populares.

As ideias iluministas e revolucionárias da Revolução Francesa chegaram ao Novo Mundo ao mesmo tempo que as Reformas Bourbônicas alteravam a relação existente entre a metrópole e os residentes mais influentes da colônia. Além disso, as reformas tinham fortalecido o setor privado de uma maneira como nunca antes havia ocorrido na América espanhola (Lynch, 1991).

Apesar do cenário agitado, as colônias espanholas estavam gerando bons lucros para a Coroa. O crescimento populacional, aliado ao novo fôlego dado à agricultura e à demanda externa crescente por gêneros agrícolas, levou ao incremento das exportações latino-americanas, sobretudo para a Espanha. Porém, ao contrário do que se pode pensar, essa melhora econômica não trouxe consigo progressos sociais e não durou tempo suficiente para que fosse realmente significativa.

Podemos apontar ainda mais dois fatores cruciais para a compreensão das independências na América Latina: 1) a guerra empreendida contra o Império Britânico em 1796 e 2) a fragmentação do Império Espanhol, ocorrida na passagem do século XVIII para o XIX. Esses dois fatores tencionaram ainda mais a relação entre as colônias e a metrópole, proporcionando o cenário ideal para o fortalecimento dos movimentos de independência e, consequentemente, para a emancipação das antigas colônias na América Latina. A guerra contra os ingleses, que durou até 1802, foi longa, dispendiosa e paralisou o comércio, evidenciando a incapacidade da Espanha de defender a si mesma e as suas colônias com eficiência. A metrópole ibérica tinha de lidar ainda com uma grave crise interna de superprodução e com a perda sistemática dos mercados para a ação de contrabandistas e agentes privados (Lynch, 1991).

Como você pode imaginar, nesse ponto a Coroa espanhola já havia abandonado qualquer projeto modernizador e voltou a depender de um precário aparelho mercantil, emitindo uma série de decretos desesperados para aumentar a arrecadação e equilibrar as finanças drenadas desde a **Guerra Anglo-Espanhola** (1727-1729). Conforme aponta Lynch (1991, p. 19, tradução nossa): "O futuro da Espanha como potência imperial estava agora totalmente em dúvida. O monopólio econômico se perdeu irremediavelmente. O único que permanecia era o controle político e este também estava sujeito a uma crescente tensão".

Já a fragmentação do Império Espanhol ocorreu porque o exército napoleônico – o mesmo que forçara a vinda da corte portuguesa para o Brasil em 1808 – havia aprisionado o rei espanhol. Haja vista que o modelo absolutista compreendia o rei como a cabeça do Estado, a Espanha ficou acéfala, o que transferiu o poder político aos *cabildos* – estâncias administrativas na América. Esse fato proporcionou uma experiência de autogestão que muitas elites locais não estavam dispostas a perder.

O descontentamento que levou aos movimentos de independência foi crescendo ao longo de décadas de insatisfação com a administração espanhola. Naturalmente, o sentimento aumentou com a experiência de autogestão proporcionada pela ausência de rei na Espanha, pois isso levou as elites a pressionarem a metrópole para serem mais do que consumidoras das manufaturas espanholas e meras exportadoras de alguns produtos tropicais e metais preciosos (Lynch, 1991).

A fim de compreender esse descontentamento, é preciso levar em conta que a Espanha nunca deixou de ser uma metrópole agrária, pois, como você deve se recordar, as reformas metropolitanas focaram na agricultura. Além disso, o monopólio da Coroa espanhola abriu espaço para a ação de contrabandistas, assim como a falta de investimentos na indústria, aliada ao aumento nos impostos, levou muitos locais à falência. Para que você tenha uma noção mais ampla da situação espanhola, adicione a essa equação a crise na extração de metais preciosos e o desinteresse espanhol na indústria colonial – que abriu espaço para agentes externos controlarem a produção de manufaturas na colônia.

Para as elites coloniais, a metrópole espanhola estava se tornando sinônimo de dependência política e econômica. Tendo isso em vista, é possível imaginar a reação dessas elites ao receber uma ordem real, no fim de 1800, que proibia toda a produção de manufaturas nas colônias (Lynch, 1991).

Nesse ponto, você precisa ter em mente que as demandas e as lutas – não só das elites, mas também de outras camadas sociais – nascidas no período colonial ainda seriam sentidas muito tempo depois de declaradas as independências, até mesmo nas revoltas e nos movimentos de resistência popular.

Antes das independências, as relações entre metrópole e colonos já eram tensas e os grupos populares já lutavam contra as decisões das autoridades ibéricas. Depois de independentes, muitos desses grupos continuaram com suas reivindicações, posicionando-se contra as elites oligárquicas que dirigiam os países e que não tinham realizado mudanças substanciais, apesar da emancipação política.

Bons exemplos da continuidade nas lutas de grupos marginalizados na América Latina são a **Grande Rebelião** (1780), orquestrada por **Túpac Amaru II** (1738-1781), que estudaremos mais a fundo na próxima seção, e a **Revolução Haitiana** (1791-1804), que vimos no capítulo anterior.

Por volta de 1780, a relação entre a metrópole espanhola e suas colônias havia chegado a tal ponto de tensão que, em muitas localidades, já não se podia voltar atrás.

Um pouco mais tarde, em 1810, o conflito tornou-se mais acirrado com a decisão francesa de reconhecer a legitimidade das juntas administrativas controladas por colonos na América hispânica. Cidades inteiras se revoltaram contra o domínio espanhol e, de acordo com Gouvêa (1997, p. 281, grifo do original), "observava-se a própria gestação da *modernidade política* em seu sentido plenamente processual".

Enquanto isso, a poderosa Inglaterra não tinha grande interesse nas questões enfrentadas pelos espanhóis na América, mantendo-se distante dos problemas ibéricos. Afinal, os britânicos já haviam perdido as Treze Colônias na América do Norte – o que alarmava os espanhóis.

Muito diferente do modelo adotado pelo Império Britânico, o projeto espanhol previa a manutenção do poder real na América baseando-se no controle exercido pela tríade *administração imperial, Igreja Católica e elites locais* – ou, pelo menos, assim foi até as Reformas Bourbônicas, quando esse equilíbrio de poder foi alterado (Lynch, 1991).

Essas elites estavam longe de ser homogêneas e, no século XVIII, elas passaram a se organizar em oligarquias, relacionando-se de diferentes maneiras com a burocracia metropolitana. Além disso, elas vinham cultivando e desenvolvendo um senso de identidade local – aspecto importante para compreendermos como essas elites articularam os processos de independência. De acordo com Lynch (1991, p. 5, tradução nossa): "A debilidade do governo real e sua necessidade de recursos permitiram a esses grupos desenvolver formas efetivas de resistência frente ao governo imperial".

Em resumo, os interesses das elites *criollas* e da metrópole espanhola simplesmente não eram mais os mesmos, o que fez a rejeição à dominação metropolitana aumentar exponencialmente. Esse sentimento foi sentido até mesmo pelos espanhóis residentes na América. Uma vez que essas pessoas, na maioria das vezes, se ocupavam de cargos burocráticos, elas passaram a ser acusadas de invasoras – fato que também aumentou o senso de regionalismo das elites *criollas*.

Além disso, as reformas empreendidas pelos Bourbons não foram completamente bem recebidas pelas elites locais, pois muitas das inovações fiscais e administrativas foram interpretadas como ofensivas aos poderes regionais – visto que, na maioria das vezes, elas obrigavam os colonos a trabalharem diretamente para a Coroa.

Essas medidas já vinham sendo atacadas por forças locais desde meados da década de 1760. A Coroa espanhola não era mais capaz de manter o controle sobre o comércio colonial e sobre as elites *criollas*, o que tornou a abertura de exceções ao seu controle uma prática comum para acalmar os ânimos locais.

Com isso, evidencia-se não só a incapacidade espanhola em manter o monopólio sobre o comércio, mas também o fato de que o domínio espanhol passou a ser visto pelas elites coloniais como um obstáculo ao desenvolvimento econômico e político. Além disso, a expulsão dos jesuítas da América espanhola irritou as elites, que mantinham estreitas relações com o clero católico.

No entanto, como já mencionado, a elite não foi a única camada social a se revoltar contra o poder imperial. O exército também não gostou nem um pouco da ideia de perder os privilégios adquiridos na América e tornou-se mais uma força contrária à Coroa nas colônias. Assim, a nova milícia, organizada pelos espanhóis por volta de 1760, acabou voltando-se contra eles – processo ao qual Lynch (1991) atribui o nome de *americanização do exército regular*.

Em síntese, havia um panorama crítico, em que uma antiga monarquia ibérica, ao passar pela sua fase iluminista, alterou o tênue equilíbrio de forças entre Coroa, Igreja e elite local.

Outra questão que deve ser evidenciada é que os produtos da metrópole não complementavam o que era produzido nas colônias, visto que ambos concorriam pelos mesmos mercados. A esse cenário, soma-se ainda a emergência dos Estados Unidos de estabelecer relações comerciais com o restante do continente e o fato de que a Espanha há muito não era mais uma potência naval – sequer conseguia manter o controle sobre o comércio colonial.

Diante dessa situação, é visível a dificuldade (inclusive demográfica) dos espanhóis em manter o domínio sobre as terras americanas, principalmente quando seu poder repousava sobre uma marinha desmantelada e uma tríade de instituições e grupos de poder que não estavam mais do mesmo lado. Dessa maneira, "a debilidade da Espanha na América levou os *criollos* à política" (Lynch, 1991, p. 20, tradução nossa).

Apesar de a relação entre as colônias e a metrópole espanhola ter sofrido abalos semelhantes, a conquista da independência ocorreu de maneira diferente em cada parte do continente. Nas próximas seções, analisaremos de que maneira ocorreram esses processos de independência.

(2.2)
PRECURSORES DA INDEPENDÊNCIA

Existe um consenso na historiografia sobre a América Latina a respeito dos movimentos precursores das lutas por independência. Os casos mais expressivos foram, sem dúvida, as revoltas nativistas de Túpac Amaru II e de Francisco de Miranda, que objetivavam a conquista de autonomia política e econômica (Costa, 2001). Essas rebeliões têm em comum o fato de quebrarem com o padrão até então obedecido pelos movimentos de independência: serem localizados e apresentarem caráter transitório.

A primeira dessas revoltas ocorreu por todo o Peru (chegando até o norte da Argentina), em 1780, e foi liderada por José Gabriel Condorcanqui, autointitulado Túpac Amaru II. Embora pertencesse ao povo Quéchua, Túpac Amaru II adotou esse nome em homenagem ao seu descendente Túpac Amaru (1545-1572), o último inca a se rebelar contra o domínio espanhol. Nota-se, portanto, que essa revolta tinha um elo direto com o passado glorioso do Império Inca, conforme afirma Gouvêa:

> *O essencial residiria em que um ingrediente cultural formador da atitude insurgente nos anos de 1780 encontrava-se mais associado a uma permanência cultural que colocava os valores de um passado inca, glorioso e profundamente mitificado, no centro dos sentimentos e que mobilizava os homens para um movimento de desacato à ordem colonial.* (Gouvêa, 1997, p. 289)

Ao contrário do que se possa pensar, a revolta armada não era a primeira opção do líder revolucionário. Ela só ocorreu após sucessivas tentativas frustradas de negociar a *mita*[2] e de redistribuir o território

---
2   Forma de trabalho compulsória.

das *haciendas*[3]. A luta por uma região autônoma do Peru era, portanto, uma última saída aos problemas relacionados à divisão de terras e às relações de trabalho.

Gouvêa (1997) também aponta que as massas eram conclamadas a lutar, em nome da Igreja e do rei espanhol, contra a dominação colonial. Isso pode soar contraditório, porém, a ideia difundida por Túpac e seus seguidores era de que o rei restituído da Espanha – após o fim do período de fragmentação do império – não estava ciente da situação imposta pelas elites que, naquele momento, comandavam a colônia.

O conflito durou cerca de um ano, sendo encerrado pela prisão e morte de seu líder. Para servir de exemplo a novos insurgentes, a Coroa espanhola mandou que o corpo de Túpac Amaru II fosse desmembrado e exposto em diferentes províncias do vice-reino do Peru. Mesmo assim, seu assassinato não significou o fim das agitações na região e várias rebeliões de caráter nativista eclodiram na sequência (Costa, 2001).

A violência dos embates acabou caracterizando outros movimentos de independência pelo continente. Gouvêa (1997) aponta que, após os eventos no Peru, as elites *criollas* de outros países tornaram-se mais temerosas da força e do poder de organização das classes populares: "A rapidez com que circularam as notícia sobre o cerco da cidade de Cuzco e sobre a violência das lutas travadas serviria de tema de reflexão para a maioria das elites *criollas* na América hispânica" (Gouvêa, 1997, p. 287).

Ao contrário do que se pode imaginar, a independência do Peru não ocorreu em decorrência dos eventos liderados por Túpac Amaru II, tampouco pela ação das elites locais. Quando ela finalmente ocorreu,

---

3   *Grandes latifúndios comandados por homens da elite hispânica.*

foi para atender à necessidade administrativa das elites vizinhas – que pressionavam os *criollos* peruanos. Assim, a independência demorou muito a se concretizar, fato que é atribuído à incapacidade das elites *criollas* de construir uma noção própria de soberania e governo.

> Um efeito dessa independência tardia foi que ela se tornou peça-chave para os projetos emancipatórios de dois grandes nomes das independências latinas: **José de San Martín** (1778-1850), líder revolucionário da Região do Rio da Prata, e **Simón Bolívar** (Gouvêa, 1997).

A revolta encabeçada por Francisco de Miranda, por sua vez, ocorreu nos primeiros anos da década de 1810. O objetivo desse líder revolucionário era libertar toda a América Latina, pensada por ele como uma só nação, um só Estado – desconsiderando-se Brasil, Guianas e Ilhas Caribenhas. Nesse contexto, as autoridades hispânicas passaram a ser vistas como estrangeiras e símbolo de dominação.

A ideia de independência latino-americana vinha sendo gestada desde 1781 por Miranda, apelidado de *O precursor* ou *o primeiro venezuelano*. Esse antigo militar havia crescido em meio aos efeitos das Reformas Bourbônicas e lutado pela Espanha ao lado dos colonos norte-americanos contra a Inglaterra.

Foi nos Estados Unidos que Miranda se aprofundou no estudo das ideias iluministas que guiaram todo seu movimento (sobretudo aquelas de autonomia, divisão dos poderes, direito à propriedade privada e soberania popular). Podemos afirmar, portanto, que o contato com o Iluminismo auxiliou Miranda na elaboração de uma nova noção de soberania nacional (Gouvêa, 1997).

Contraditoriamente, era da Inglaterra que vinha o modelo imaginado por Miranda para governar a nova nação. Levando em consideração as diferenças geográficas e culturais, o líder venezuelano propunha a adoção de uma monarquia constitucional para gerir os assuntos do novo país que surgiria. Nesse sentido, podemos perceber que havia interesse em desmantelar o domínio espanhol, mas não de romper com sua tradição e forma de organização político-econômica.

Quando a Espanha, em 1807, foi assolada pelas invasões francesas, Miranda vislumbrou uma oportunidade para emancipar política e economicamente toda a América Latina (com exceção dos países anteriormente citados). Até então, nunca tinha havido uma proposta tão abrangente e unificadora de libertação do continente.

Para obter ajuda e adesão para sua revolução, Miranda procurou as juntas administrativas de Caracas e Buenos Aires. Por seu caráter inédito, o projeto de Miranda influenciou decisivamente líderes posteriores, como Simón Bolívar.

Tendo em vista os dois movimentos apresentados, podemos afirmar que eles tiveram um ponto em comum: o desfecho. Apesar de não obterem o sucesso desejado por seus idealizadores, as revoltas aqui apresentadas transformaram o cenário político latino-americano e demonstraram a força dos movimentos populares, que poderia criar abalos profundos na estrutura de dominação colonial (Rossi, 2013).

O movimento de Túpac Amaru II influenciou dezenas de outras revoltas, grandes e pequenas (Costa, 2001), em razão de seu caráter messiânico, seu simbolismo e ligação com o passado pré-colonial, o que foi fundamental para o amadurecimento dos movimentos de independência posteriores.

(2.3)
INDEPENDÊNCIAS RADICAIS E CONSERVADORAS

Com relação aos processos de independência na América Latina, podemos salientar uma mudança em suas configurações gerais a partir do início do século XIX.

Até 1815, houve um panorama de fortalecimento de grupos radicais, cujos movimentos de independência promoveram bruscos rompimentos com a ordem estabelecida no período colonial. Bons exemplos disso são as independências do Haiti e da Região do Rio da Prata. Nesses casos, os movimentos radicais chegaram a tomar controle do Estado, promovendo reformas e retirando propriedades e privilégios dos mais abastados.

Contudo, os planos de rompimento total com o passado colonial e suas estruturas jamais foram postos em prática. O que ocorreu, na maioria dos casos, foi uma série de concessões da elite *criolla*, e não mudanças estruturais.

Conforme mencionamos anteriormente, os movimentos de independência mais radicais alertaram as elites sobre os perigos e as concessões provenientes da alçada das classes populares ao poder, o que levou essa elite a tomar o controle dos processos de independência de seus países, dando início a uma nova onda de independências – porém, agora de caráter conservador e regionalista.

A partir de 1815, portanto, as vitórias populares se tornaram ainda mais lentas e custosas, com as oligarquias locais consolidando seu domínio e contribuindo para o surgimento de vários Estados nacionais após as independências. Isso não significa que todos os projetos com ideais unificadores e continentais desapareceram por completo, mas que grande parte deles perdeu força (Guazzelli; Wasserman, 1996).

Com o objetivo de compreender melhor esses dois modelos de independência, vamos analisar mais de perto dois exemplos emblemáticos: as independências ocorridas nas regiões do Rio da Prata e do México.

2.3.1 A REVOLUÇÃO DE MAIO

A Revolução de Maio, ocorrida na região que hoje corresponde à Argentina, ao Paraguai, ao Uruguai e à Bolívia, foi caracterizada pelo seu radicalismo tanto em nível ideológico quanto prático.

O núcleo revolucionário do Rio da Prata estava localizado em Buenos Aires, capital do Vice-Reino do Rio da Prata. O porto local era uma das vias de escoamento de produção para o oceano Atlântico mais importantes, ou seja, os grupos que viviam do seu comércio eram, notavelmente, mais próximos da Inglaterra. Paulatinamente, o livre-comércio passou a figurar para esse grupos como uma alternativa mais lucrativa do que o pacto colonial. Vale ressaltarmos também que os índices de contrabando e outras atividades ilegais eram altíssimos e que a frágil Coroa espanhola não era mais capaz de coagir essas ações com eficácia.

A situação da desmoralizada monarquia era de tamanha perda de controle que, quando os ingleses invadiram a região no início de 1800, sua expulsão ocorreu por meio das milícias formadas e mantidas pelos *criollos*. Além disso, conflitos na fronteira com o Brasil agitavam a Região do Rio do Prata.

Foi nesse contexto que estourou a **Revolução de Maio** (1810), uma série de acontecimentos ocorrida em Buenos Aires. Nesses eventos de caráter continental, foi fundamental a presença do exército, que, em campanha pela região, difundiu os ideais iluministas (Guazzelli; Wasserman, 1996).

Segundo Guazzelli e Wasserman (1996), a Revolução de Maio também foi responsável por uma experiência única na história dos movimentos de independência da América Latina: a abertura dos *cabildos* e a formação da Primeira Junta, responsável pelo governo após a primeira independência vitoriosa no Cone Sul.

Esse sucesso só foi possível em razão das expedições, que foram responsáveis por atribuir caráter continental ao movimento e por trazer à tona grandes nomes da revolução. No Paraguai, destacou-se a ação de **Manuel Belgrano** (1770-1820); no Alto Peru, a de **Juan José Castelli** (1764-1812); e na Argentina, a de San Martín. Até mesmo regiões remotas do Vice-Reinado foram tocadas pelo ímpeto revolucionário – e aí reside um traço bastante distintivo dessas independências radicais.

Em 1816, o Vice-Reinado se tornou independente, transformando-se em *Províncias Unidas do Rio da Prata*, o que consolidou um processo radicalizado de obtenção da independência. O radicalismo também estava presente nas medidas tomadas assim que o movimento revolucionário estabeleceu controle sobre a região. A economia começou a se diversificar e centenas de desapropriações foram realizadas. O Estado havia tomado controle sobre a exploração das minas e a cunhagem de moedas, enquanto os *criollos* perdiam cada vez mais batalhas, espaço e poder. Assim, você pode imaginar o panorama crítico dessas elites quando a Primeira Junta passou a colocar em prática um plano de remodelação da propriedade de terras na região. Esse panorama só foi modificado quando a Primeira Junta passou também a agregar conservadores do interior da região – o que invariavelmente mudou os rumos do governo (Guazzelli; Wasserman, 1996).

O fim dessa série de movimentos radicais de independência na América Latina ocorreu em 1825, mas seu efeito não deixou de ser sentido no resto do continente. Assim como a Revolução Haitiana, a Revolução de Maio serviu de alerta para outras elites *criollas* na América Hispânica. Assim, não demorou para que esses grupos passassem a agir de maneira coordenada, a fim de não perder espaço para radicalismos que colocariam a perder seu domínio político e econômico. Por esse motivo, após 1815, as elites se empenharam em inaugurar um novo ciclo de independências na América Latina, marcado, dessa vez, por um caráter conservador.

2.3.2 Guerra de Independência do México

No início de 1800, as elites viviam um período de euforia por conta do restabelecimento do absolutismo na Espanha. Notavelmente, a elite mexicana preferia cooperar (na maioria das vezes, estabelecendo laços matrimoniais) com a administração espanhola a enfrentá-la. Além disso, essa elite *criolla* era em boa parte produtora (mas não exportadora), ocupava a maioria dos cargos públicos e apoiava o retorno à monarquia.

Diante desse cenário, a Igreja, que perdera prestígio e privilégios no período das Reformas Bourbônicas, viu no restabelecimento da monarquia espanhola uma chance de recuperar o antigo poder. No México, a Igreja atuou, por um bom tempo, como principal financiadora, compondo o "principal motor da economia mexicana" (Lynch, 1991, p. 10, tradução nossa).

Contudo, na Europa, o rei enfrentava resistência. Em 1820, o monarca assinou a primeira constituição da Península Ibérica, a **Constituição de Cádiz**, por pressão de um forte movimento liberal (Lynch, 1991). Como você pode imaginar, para os *criollos* mexicanos, esse fato representava a perda da estabilidade garantida pelo absolutismo – e foi justamente essa questão que conduziu o país à independência.

Temerosas da instabilidade política, econômica e social, as elites mexicanas optaram pela independência para se manter no poder. Esse temor era uma reação às revoltas camponesas que ocorriam no interior, pois os *criollos* tinham bons exemplos de como processos de independência levados a cabo por camadas populares podiam representar perdas reais de terras e poder político.

Assim, em 1821, o México tornou-se independente, mantendo intactos os privilégios dos setores mais abastados da sociedade, isto é: grandes proprietários de terra, membros do clero, comerciantes e até mesmo antigos funcionários da Coroa espanhola (Guazzelli; Wasserman, 1996). É válido destacarmos que esse domínio conservador só acabou na segunda metade do século XIX (Gouvêa, 1997).

A tendência popular de defender uma nação monárquica e católica, que corroborava, em parte, os desejos da elite e do exército, ajudou a elite *criolla* a criar um panorama único na América Latina (Gouvêa, 1997). De acordo com Gouvêa (1997), provavelmente esse alinhamento foi o ponto central do processo de independência.

Tendo em vista o caso mexicano, podemos concluir que as independências na América Latina após 1815 foram conduzidas por membros das elites, dando continuidade ao domínio desses grupos sobre outras camadas sociais e garantindo o livre-comércio às elites exportadoras.

(2.4)
As diferenças entre a América espanhola e a América portuguesa

As independências ocorridas na América Latina não podem ser analisadas sem que se pesem os efeitos da expansão napoleônica nas metrópoles ibéricas. Tanto Portugal quanto a Espanha sofreram grande impacto com a alçada de Napoleão ao poder: enquanto a corte portuguesa precisou fugir e se exilar no Brasil, o Rei Fernando VII foi impedido de governar a Espanha. Ao mesmo tempo, as colônias pertencentes a essas coroas estavam sendo influenciadas pelos ideais iluministas da Revolução Francesa e pelas independências dos Estados Unidos e do Haiti.

Há, no entanto, algumas diferenças com relação aos efeitos das invasões napoleônicas nas colônias latino-americanas. Nas colônias hispano-americanas, a destituição do rei acarretou perda de autoridade à Espanha, ao passo que no Brasil a autoridade foi reforçada, visto que a chegada da corte de Dom João VI aprofundou os laços entre colônia e metrópole. Além disso, mesmo após a corte retornar a Portugal, Dom João VI deixou seu herdeiro, Dom Pedro I, para continuar o governo no Brasil.

A permanência do príncipe herdeiro de Portugal fez com que o processo de independência ocorresse de maneira diferente no Brasil, visto que ele foi articulado pelo próprio Dom Pedro I e as elites locais (fluminense, paulista e mineira).

Enquanto a perda de controle real e a divisão do poder entre os *cabildos* e vice-reinados levou ao desmantelamento da América espanhola em vários países diferentes, o Brasil continuou quase intacto e manteve sua unidade territorial. Além disso, o país se apresentava como uma colônia lucrativa, com laços tão profundos com sua metrópole que teve sua independência declarada por um português. Esse fato fez com que se mantivesse a monarquia e a escravatura, fator importante de diferenciação entre as independências nas Américas portuguesa e espanhola – visto que os diversos países que se libertaram da Espanha prontamente aboliram a escravidão e a monarquia.

Isso não significa que não houve interesse popular na independência no Brasil. A **Conjuração Baiana** (1798-1799) é um bom exemplo contrário, assim como a **Inconfidência Mineira** (1789) – que movimentou mais do que apenas a elite. Porém, é notável que os processos verificados no desmembramento da América espanhola foram muito mais numerosos e conflituosos.

Lara Taline dos Santos

No final do século XIX, uma historiografia sobre as independências, marcada por uma abordagem liberal e nacionalista, passou a usar o termo *revolução* quase como sinônimo de *ruptura*. Gouvêa (1997) esclarece, no entanto, que essa definição não levava em conta a aplicação do termo em outros contextos que não o americano, além de não justificá-la.

De acordo com Bobbio, Matteucci e Pasquino (1998, p. 1083): "A Revolução é a tentativa, acompanhada do uso da violência, de derrubar as autoridades políticas existentes e de as substituir, a fim de efetuar profundas mudanças nas relações políticas, no ordenamento jurídico-constitucional e na esfera socioeconômica". Seguindo essa linha interpretativa, uma revolução se distingue de uma rebelião ou revolta por não propor retorno a uma ordem preestabelecida, assim como se distingue de um golpe de Estado, *grosso modo*, por não constituir uma simples mudança de lideranças políticas.

No Brasil, por muito tempo, o interesse no tema das independências latino-americanas foi um campo muito pouco explorado. Já nos demais países da América Latina, as abordagens foram marcadas, por anos, por seu caráter teleológico[4], sobretudo no que diz respeito à formação dos Estados nacionais latino-americanos. De acordo com Gouvêa (1997), essa era uma tentativa de reconhecer as origens do Estado latino-americanos, mas que acabou impregnando a historiografia sobre o tema por décadas.

---

4 *Nesse sentido, explicar a história a partir de um fim hipotético e imutável.*

(2.5)
O CONCEITO DE *REVOLUÇÃO* NA HISTORIOGRAFIA LATINO-AMERICANA

Para Gouvêa (1997), a ideia de que as independências na América foram, na verdade, processos revolucionários surgiu na historiografia há pouco tempo. Até então, a palavra *revolução* só era aplicada à experiência das Treze Colônias e, muito raramente, ao caso do Haiti. Nesse sentido, vale ressaltar que a abordagem tradicional que considerava a guerra de independência dos Estados Unidos uma experiência revolucionária baseava-se em uma ideia de que as guerras de independência latino-americanas foram radicalmente diferentes – algo contrário ao que as fontes históricas indicam. Os EUA eram considerados um grande laboratório iluminista, em que as ideias liberais puderam se desenvolver, criar raízes e gestar um sistema político autônomo nunca visto antes.

> A historiografia tradicional, portanto, delimitava a seguinte oposição: de um lado, os Estados Unidos, que representavam estabilidade política, paz social e prosperidade econômica; de outro, os jovens Estados nacionais latino-americanos, marcados pela fragmentação política e grande instabilidade socioeconômica, herança do período colonial.

Contudo, essa concepção sobre a guerra de independência das Treze Colônias tem sido amplamente revista. Como apontado anteriormente, autores como Greene (2000) não consideram os acontecimentos desse evento revolucionários, uma vez que nenhuma mudança em relação à elite dirigente dos Estados Unidos ou à organização prévia foi feita. De fato, os colonos norte-americanos se revoltaram contra a iniciativa britânica de mudar sua relação com a colônia – marcada até então pela construção de uma **autoridade negociada** entre as duas partes. Assim, apesar de ter rompido o pacto colonial, diferentemente do que propõe a historiografia tradicional, a independência dos Estados Unidos não constitui uma revolução.

O desenvolvimento de novas análises com relação aos processos de independência tem feito com que a historiografia tradicional sofra alguns abalos, o que promoveu uma guinada nos estudos sobre o tema (Gouvêa, 1997). Isso se deve, em grande medida, às novas pesquisas sobre a queda do Antigo Regime e a Revolução Francesa. De acordo com essa nova abordagem, *revolução* passou a ser compreendida como uma "expressão de uma causalidade externa"(Gouvêa, 1997, p. 277).

Autores que corroboraram essa visão sobre as independências e o conceito de *revolução*, muitas vezes, apresentavam abordagens liberais com relação aos processos de rompimento do vínculo colonial. Assim, aponta-se que, além de darem um peso muito maior ao Iluminismo do que esse evento realmente teve nas Américas, esses pesquisadores compreendiam um contexto de revoluções generalizadas, em virtude da crise do absolutismo. As independências na América Latina eram, portanto, revoluções integrantes de um processo de "revolução geral". As imensas diferenças e inúmeras questões internas dos países latino-americanos não eram problematizados. Em outras palavras, ao se voltar sempre para o geral, essa abordagem desconsiderava acontecimentos específicos de cada processo de independência.

Nos anos 1970, uma revisão dessa postura liberal trouxe à tona a importância dos contextos sociopolíticos internos da América Latina, tendo em vista a compreensão das guerras de independência como guerras civis. Autores dessa corrente historiográfica (que tem por base o trabalho do francês Pierre Chaunu) partiram da constatação da ambiguidade das ações das elites *criollas* para explicar a especificidade dos processos de independência latino-americanos. Além disso, essa historiografia trouxe para o debate o imenso peso da questão racial nos processos de independência, um fato antes simplesmente descartado. Em oposição à tendência historiográfica detectada nos anos 1950, podemos afirmar que essa nova vertente passou a priorizar "fatores internos em relação à conjuntura externa" (Gouvêa, 1997, p. 278).

Mais recentemente, certas correntes historiográficas foram mais longe nessa seara. A autora Maria Lígia Prado, por exemplo, integra uma linha interpretativa que compreende o século XIX como o século de ruína das estruturas políticas e jurídicas que haviam sido utilizadas desde o período colonial no continente americano.

Seguindo uma linha semelhante, desde os anos 1980, uma série de autores passaram a analisar o tema das independências e da revolução com mais afinco, focando-se em suas rupturas. De acordo com Gouvêa (1997, p. 279), "O desafio era precisar as especificidades e a natureza dessa mudança".

O que levava esses autores a buscar as rupturas e não as continuidades nos processos de independência latino-americanos era toda a gama de experiências, vocábulos, conceitos, ideias e práticas elaboradas em virtude da fragmentação do Império Espanhol. Assim, o contexto pré-independência passou a ser compreendido como um ponto de inflexão no que diz respeito ao entendimento colonial de soberania e nação. Isso tudo em um momento histórico de espraiamento das ideias iluministas. O termo *revolução* passa a ser visto, portanto, de maneira mais ampla, como um processo e também como acontecimento (Gouvêa, 1997).

Essa abordagem que preza pelo viés revolucionário das independências latinas, pela análise das mudanças e rupturas, tem a vantagem de propiciar novas leituras e trazer à tona novos atores sociais. Desmitifica-se, com essa visão, a ideia de que apenas fatores externos moveram as elites *criollas*, pois muitas ações foram conduzidas de acordo com as demandas e interesses dessa classe, que também criou as soluções que melhor se adaptavam à sua realidade. Esse olhar mais específico é de grande importância, pois se aprofunda na complexidade das ações dos agentes históricos envolvidos nos processos de independência. Como aponta Gouvêa (1997, p. 292):

> *Por maior que tenha sido a importância dos fatores externos presentes, especialmente sob o ponto de vista político e econômico, este foi um processo histórico configurado por atores próprios, que de fato vivenciaram as vicissitudes da crise posta no mundo colonial no início do século passado e que, a partir dela, acionaram atitudes de resposta em benefício de seus interesses fundamentais.*

Porém, essa abordagem também apresenta problemas, pois quando aplicada de maneira generalizada, pode esconder o vínculo mais profundo que alguns processos de independência tiveram com forças do exterior ou generalizar a gigantesca heterogeneidade cultural, geográfica, econômica e social latino-americana (Gouvêa, 1997).

Dessa maneira, podemos afirmar que entender ou não as independências latino-americanas como revoluções ainda é uma discussão presente, com os autores assumindo diferentes linhas interpretativas e trazendo novos elementos e problemáticas para o centro das análises.

Síntese

Neste capítulo, apresentamos os aspectos mais gerais dos diversos processos de independência ocorridos na América Latina. Para tanto, analisamos o contexto da América espanhola pré-independência, repleto das mais variadas tensões sociais e instabilidades político-econômicas.

Em seguida, apontamos como os eventos que estavam ocorrendo na Europa na mesma época influenciaram a América Latina, como as Reformas Bourbônicas (por volta de 1750) e a posterior fragmentação do Império Espanhol – que se esfacelara em inúmeros *cabildos*. Todos esses fatores levaram as elites locais e demais camadas sociais a se rebelarem – por diferentes razões, em diferentes momentos – contra o poderio e o controle espanhol. Os eventos mais proeminentes precursores dos movimentos de independência foram as revoltas orquestradas pelo líder indígena Túpac Amaru II e o venezuelano Francisco de Miranda.

O primeiro evento, ocorrido no Peru, foi um movimento nativista de retorno ao passado, de caráter popular, que buscava estabelecer novas regras para os problemas relativos ao trabalho e à posse da terra. Apesar de não levar de fato à independência, essa revolta influenciou inúmeros movimentos posteriores.

O segundo movimento, encabeçado por Francisco de Miranda, ocorreu posteriormente e tornou-se um marco na história das lutas por independência e integração na América Latina, visto que o movimento tinha a pretensão de criar uma nação que integraria vários países.

Neste capítulo, também tivemos o intuito de demonstrar como, até 1815, as independências na América Latina foram marcadas por seu caráter radical. Mais tarde, em razão da força do radicalismo popular em alguns processos de independência, a conquista da emancipação passou a ser encabeçada pelas elites oligárquicas primário-exportadoras, que representavam a matriz conservadora. Bons exemplos desses dois modelos de independência se encontram nas independências do Vice-Reino do Rio da Prata – iniciada pela Revolução de Maio, que, em suas pretensões continentais, destituiu as elites locais do poder, promovendo profundas reformas – e do México, marcada pelo regionalismo e pela condução das elites – que mantiveram, por óbvio, seus privilégios intactos.

Lara Taline dos Santos

Por fim, abordamos as diferenças entre os processos de independência da América espanhola e da América portuguesa e de que maneira a historiografia vem analisando esses eventos. Nesse sentido, demonstramos que os debates acerca desse tema são intensos e os historiadores ainda estão discutindo, por exemplo, se os processos de independência americanos constituem ou não em revoluções. Isso, naturalmente, implica uma reflexão sobre o próprio conceito de *revolução*, tornando esse debate, portanto, um campo extremamente fértil para a produção científica.

Atividades de autoavaliação

1. A Revolução Francesa provavelmente foi um dos maiores movimentos revolucionários que atingiu não apenas a Europa, mas também os domínios coloniais pertencentes aos seus reinos. A América sentiu o golpe desferido contra o Antigo Regime francês e as colônias desse país foram, naturalmente, as primeiras afetadas pelos eventos revolucionários.

   Com relação à influência desse conflito na América espanhola, é correto afirmar:

   a) Foi interpretada ambiguamente, pois, embora demonstrasse um exemplo de organização e mudança, também evidenciava seu radicalismo e imprevisibilidade.

   b) Influenciou as camadas sociais populares a buscar os mesmos direitos que os membros da elite colonial, o que acabou deflagrando guerra internas.

   c) Não influenciou diretamente, uma vez que eram terras pertencentes a reinos ibéricos – ou seja, não tinham relação alguma com o conflito francês.

d) Foi interpretada pela elite colonial como um perigo iminente, uma vez que as classes populares poderiam vir a se rebelar. Isso fez os grandes proprietários estreitarem ainda mais os laços de dependência com a metrópole.

2. Membros da elite colonial, os *cabildos* compunham as instâncias administrativas na América epanhola e eram os representantes diretos do poder real. Com a fragmentação do Império Espanhol, ocorrida na passagem do século XVIII para o XIX, essa elite conseguiu adquirir mais autonomia administrativa e vivenciou a experiência da autogestão.

Como o contexto político do império espanhol influenciou as colônias americanas?

a) As elites coloniais enfrentaram diversas dificuldades na experiência de autogestão, o que afetou drasticamente o mercado interno.
b) Tencionou ainda mais a relação entre as colônias e a metrópole, proporcionando o cenário ideal para o fortalecimento dos movimentos de independência e a consequente emancipação das antigas colônias na América Latina.
c) Os *cabildos* tiveram seu poder e autoridade questionados pelas classes populares, que não se sentiam representadas e não se submetiam à sua administração.
d) A elite colonial viu na fragilidade do Império a oportunidade ideal para promover a independência, o que a levou a se unir aos interesses das classes populares.

3. Sobre as relações entre as camadas populares e a elite oligárquica após o processo de independência da América espanhola, é correto afirmar:
   a) Os grupos populares continuaram com suas reivindicações, posicionando-se contra as elites oligárquicas que dirigiam os países e que não tinham realizado mudanças substanciais, apesar da emancipação política.
   b) Os grupos populares continuaram com suas reivindicações contra as elites oligárquicas e eram apoiados pela coroa espanhola, que desejava retomar o controle colonial.
   c) Os grupos populares não tinham mais força política para se manifestar contra as políticas adotadas pelos membros da elite, o que acabou diminuindo os conflitos internos.
   d) Apoiados pelo Império Espanhol, os grupos populares organizavam diversos conflitos contra as elites oligárquicas, mas sem êxito, pois após a independência esses grupos ficaram extremamente fortalecidos.

4. As revoltas de Túpac Amaru II e Francisco de Miranda constituem um marco importante no processo de emancipação política ocorrido na América Latina. Embora tenham acontecido em anos e locais diferentes e cada uma carregue suas especificidades, é inegável que ambas foram rebeliões nativistas que buscavam a conquista da autonomia política e econômica dos territórios coloniais. Sobre tais conflitos, assinale V para verdadeiro e F para falso:
   ( ) José Gabriel Condorcanqui autointitulou-se Túpac Amaru II por se considerar descendente direto do último inca a se opor aos espanhóis.

( ) A principal reivindicação da revolta liderada por Amaru era a negociação da *mita* e das *haciendas*.

( ) A forte repressão com que tais conflitos foram combatidos acabou influenciando negativamente as camadas populares, que diante do fracasso inicial de tais revoltas passaram a ser dominadas pelas elites oligárquicas.

( ) A proposta emancipatória de Francisco de Miranda caracterizou-se por sua dimensão continental, uma vez que propunha a liberdade irrestrita da América Latina (desconsiderando Brasil, Guiana e Ilhas Caribenhas).

Agora, assinale a alternativa correta:

a) V, V, F, V.
b) V, F, F, V.
c) V, F, F, F.
d) V, V, V, V.

5. Sobre a Revolução de Maio, é correto afirmar:
   a) A Revolta foi liderada por membros da elite colonial que desejavam mais autonomia econômica e, portanto, caracterizou-se como um movimento conservador.
   b) O movimento constitui um marco importante nos processos expansionistas da América espanhola, pois demonstrava a força política e administrativa das elites oligárquicas.
   c) A revolução foi um movimento radical de grande impacto, uma vez que o Estado passou a controlar a exploração das minas e a cunhagem de moedas, além de colocar as elites em um panorama crítico ao remodelar a posse de terras do território.

d) Serviu para demonstrar a força das camadas populares e fazer com que as elites oligárquicas estreitassem cada vez mais a relação com a metrópole, adiando o processo expansionista naquela região.

Atividades de aprendizagem

Questões para reflexão

1. Analise, em um breve texto crítico, como o processo expansionista da América hispânica está diretamente relacionado aos interesses das elites coloniais.
Quais eram esses interesses? De que maneiras isso acabou permeando a configuração dos países recém-independentes?

2. Tomando como base as discussões propostas na Seção 2.3, analise as diferenças entre os modelos expansionistas radical e conservador, tomando como exemplo os processos revolucionários ocorridos no México e na Região do Rio da Prata.

Atividade aplicada: prática

1. Visando ampliar as propostas pedagógicas a respeito dos processos expansionistas na América, que costumam abordar apenas os movimentos de independência do Brasil e dos EUA, elabore um plano de ensino sobre a revolta peruana liderada por Túpac Amaru II, enfatizando seu aspecto pioneiro, bem como sua relação mística com os povos incas. Atente-se para a obrigatoriedade do seguinte planejamento:

I. Título da aula
II. Objetivos
Objetivo geral
Objetivos específicos
III. Conteúdo
Nesta seção, você deve explicitar o conteúdo a ser trabalhado em sala de aula, assim como a(s) problemática(s) que serão desenvolvidas com os estudantes.
IV. Desenvolvimento do tema:
Esse é momento para você detalhar o conteúdo da aula, como ele será tratado, que autores serão utilizados nesse processo, que problemáticas e questões serão abordadas. Lembre-se de que toda aula de história precisa de uma introdução, um desenvolvimento e uma conclusão bem delimitados, assim como metodologia(s) de trabalho adequada(s) aos temas e recursos utilizados.
V. Recursos didáticos
Nesta seção você deverá apresentar os recursos que serão utilizados ao longo da aula. Detalhe sua aula, explicite se ela será expositiva, se utilizará imagens, filmes ou outras mídias e se você necessitará de recursos como computadores, projetores ou o clássico quadro de giz.
VI. Avaliação
Proponha uma forma de verificar os conteúdos trabalhados com a classe. A avaliação precisa exercitar a capacidade analítica dos alunos, como a de relacionar temas e autores, articulando suas próprias ideias com aquelas que surgiram em sala de aula.
VII. Bibliografia

CAPÍTULO 3
A América Latina
independente e a
construção da nação

Neste terceiro capítulo, analisamos a construção da ideia de *nação* nos diferentes países da América Latina, assim como os principais problemas do período colonial que não foram resolvidos com a emancipação política.

Inicialmente, um dos aspectos mais notáveis das independências latino-americanas foi o fato de que elas não foram acompanhadas pelo surgimento de Estados nacionais. O panorama era de disputas por poder entre as elites locais, o que levou a sucessivos golpes de Estado.

Em seguida, tratamos das origens da grande estagnação econômica e dependência estrangeira das nações latino-americanas. O objetivo é compreender por que as independências desses países não trouxeram transformações radicais na situação socioeconômica de grande parte da população.

Por fim, apresentamos como essa dinâmica se refletiu na consolidação do capitalismo na América Latina. Para entender melhor esse processo, analisamos os primórdios da atuação imperialista de europeus e norte-americanos no continente, tendo em vista a Revolução Industrial em curso na Europa entre os séculos XVIII e XIX e seus efeitos na América Latina.

(3.1)
FRAGMENTAÇÃO LATINO-AMERICANA

Um dos aspectos mais notáveis das independências na América espanhola foi o fato de que elas não foram acompanhadas pelo surgimento de Estados nacionais. Inicialmente, surgiram governos constitucionais e sistemas federais, estabelecendo-se o sistema de eleições e a garantia de alguns direitos individuais. Contudo, tais disposições eram demasiadamente formais e a falta de fiscalização arruinou essas pretensões.

Isso levou outros grupos sociais a perceberem que jamais chegariam ao poder pelas vias constitucionais. Adicione a essa equação a rivalidade entre as elites locais, a ideologia liberal e as sangrentas e dispendiosas guerras de independência e você terá um panorama de sucessivos golpes de Estado na América Latina.

Além disso, a igualdade jurídica (que deveria vir com as independências) nunca foi realmente alcançada, assim como a redistribuição de terras prometidas por várias elites dirigentes não passou de um sonho. Os problemas do período colonial não tinham sido resolvidos e as soluções que se propunham remontavam as Reformas Bourbônicas do mesmo período (Bethell, 1991).

Como vimos, no período anterior às independências na América espanhola, a metrópole havia subdividido a colônia em vários vice-reinados para melhorar sua gerência. Esse fato se tornou crucial no período pós-independência, quando, em vez de se tornar um grande Estado, a América hispânica se dividiu em vários países.

Esses antigos vice-reinados se tornaram diferentes países em meio à guerra – outro traço distintivo desse processo de fragmentação. O conflito armado definiu fronteiras e delimitou espaços, deixando oligarquias primário-exportadoras em posição de realizar um verdadeiro loteamento de poder. Notavelmente, o cenário latino-americano no pós-independência era de grandes disputas entre as elites *criollas* – responsáveis, na maioria dos casos, pelos processos de independência.

Somava-se a esse contexto grande estagnação econômica e dependência estrangeira devido à pouca diversificação econômica e ao apego das oligarquias primário-exportadoras às antigas atividades coloniais.

De maneira geral, é possível apontar que as independências não trouxeram transformações radicais na situação socioeconômica de grande parte da população da América Latina nos anos que se seguiram. As mudanças institucionais propostas tornaram-se letra morta, tendo efeito muito mais formal do que prático (Bethell, 1991). Isso auxilia os historiadores a verificar a continuidade da maior parte dos problemas socioeconômicos da América hispânica independente, pois essas questões não tinham sequer sido tocadas pelas reformas de cunho individualista e liberal dos governos oligárquicos. Assim, podemos afirmar que:

> *Enquanto se mantinha a ficção de uma sociedade individualista de membros considerados iguais, a elite, assim como outros setores sociais, de fato vivia de acordo com as normas estabelecidas pelas relações de patrão-cliente próprias das sociedades em que havia uma grande diferenciação social e econômica.* (Bethell, 1991, p. 48, tradução nossa)

No entanto, em 1826, os processos de independência haviam se cumprido e os novos países se reuniram no chamado **Congresso do Panamá**. Essa foi uma reunião realizada com o objetivo de livrar a América Latina para sempre da dominação imperialista europeia por meio da criação de uma grande organização supranacional.

Nessa oportunidade, o líder da independência de países como Colômbia, Bolívia e Venezuela, **Simón Bolívar** (1783-1830), advogou em prol de um projeto de integração e solidariedade entre os países latino-americanos. O ideal de Bolívar previa formação de um exército único e outras instituições supranacionais. Políticas-econômicas também deveriam ser integradas, criando-se uma grande rede entre os países latino-americanos.

Como você pode imaginar, os grandes opositores desse projeto foram os Estados Unidos da América (EUA) e a Inglaterra. Isso porque a ideia de uma América Latina integrada, em vez de fragmentada, não era interessante para os interesses econômicos dessas duas potências. Afinal, a integração significaria a criação de uma rede de comércio forte e poderia proporcionar certo desenvolvimento industrial, diminuindo os mercados exportadores dos norte-americanos e dos ingleses, ao mesmo tempo que enfraqueceria os laços de dependência mantidos entre os países latino-americanos e essas duas potências.

Devido às pressões externas e internas, o projeto de Bolívar fracassou e a América Latina manteve-se fragmentada em vários países. Os historiadores apontam que isso derivou da falta de uma unidade administrativa para a região – algo decorrente da condição acéfala do Império Espanhol, como visto anteriormente.

Outro ponto importante foi a grande rivalidade entre as diferentes elites *criollas* desde o período colonial. Conforme apontado por Lynch (1991), essas elites viam umas às outras como estrangeiras, sem qualquer senso de união entre elas.

E a América portuguesa? É importante pontuarmos que a carência de unidade administrativa verificada nos domínios espanhóis não existiu no Brasil. A Coroa portuguesa manteve-se coesa na colônia, administrativamente falando, e impediu a fragmentação do grande território que dominava. Além disso, o Brasil não foi constantemente subdividido, visto que a experiência das capitanias hereditárias foi insatisfatória para a Coroa – que logo assumiu o controle direto dos assuntos coloniais.

(3.2)
Forças políticas

Após a consolidação das independências, o romantismo[1] e o positivismo[2] passaram a ter grande importância no vocabulário dos latino-americanos. Essas correntes de pensamento foram fundamentais na concepção da série de reformas (jurídicas, políticas, fiscais, econômicas e educacionais) empreendidas pelas elites dirigentes na América Latina.

Em Nova Granada, no Rio da Prata, na Bolívia e na Venezuela, essas reformas ocorreram entre as duas primeiras décadas de 1800, enquanto no México e na Guatemala só ocorreram dez anos mais tarde.

Na maioria dos casos, houve um período de pessimismo, conservadorismo e crise político-econômica, derivado das reações contrárias às reformas por parte dos demais setores da sociedade. Contudo, a reação não surtiu grandes efeitos e os governos latino-americanos mantiveram traços altamente conservadores até, pelo menos, 1840 (Bethell, 1991).

Nesse contexto, diferentes forças políticas emergiram no cenário nacional, entre as quais se destacam as forças populares, que se organizaram em uma variedade de movimentos com diferentes estratégias de lutas sociais. Esses movimentos foram protagonizados pelos mais diferentes atores sociais, que tinham em comum o fato de lutarem por melhorias e participação política. É importante destacarmos que esse grupo não era só composto por camponeses e trabalhadores

---

1   *Movimento europeu do final do século XVIII e início do século XIX que tinha por base a rejeição dos preceitos do Iluminismo e que foi a base do nacionalismo na Europa.*
2   *Corrente do século XIX utilizada na América Latina como ponte entre ideias liberais e conservadoras.*

urbanos marginalizados, mas também pela pequena burguesia, que, na maioria dos casos, tinha pretensões diferentes daquelas da grande burguesia industrial.

De outro lado, encontravam-se as grandes e antigas oligarquias primário-exportadoras, detentoras do poder político e do controle administrativo das colônias desde, no mínimo, a prisão do rei espanhol pelas forças de Napoleão Bonaparte. Quando os Estados-nação passam a se organizar após as independências, eles ganharam uma faceta de classe dominante – rica, branca, atrelada ao mercado internacional e à lógica da mais-valia e do lucro.

Após 1850, uma pequena melhora econômica foi verificada devido ao aumento da integração das economias latino-americanas. Essa dinâmica acarretou a perda de influência de grupos inteiros (comerciantes, mineiros e artesãos) e a alçada de novas elites ao poder.

Em se tratando de forças políticas na América Latina independente, temos de abordar ainda o exército e a Igreja católica. Essas instituições – que, conforme vimos anteriormente, foram pilares da administração espanhola – mantiveram seu nível de importância e influência mesmo com as estruturas abaladas pelas guerras de independência.

Contudo, os militares e clérigos não conviviam bem com os ideais liberais importados pelos *criollos* dos Estados Unidos e da Europa. Não demorou para que conflitos se estabelecessem, portanto, entre as elites dirigentes dos diferentes países latino-americanos, os militares e os representantes da fé católica, estes últimos insatisfeitos com a perda de espaço e privilégios (Bethell, 1991).

Assim, de maneira geral, os países latino-americanos foram palco de grandes disputas nos anos que se seguiram à consolidação das independências. Tais disputas tiveram efeito direto sobre a democracia na América Latina, deixando marcas que perduram até a contemporaneidade.

(3.3)
Estados-Nações
LATINO-AMERICANOS

Ao final dos processos de independência (1815-1825), 17 repúblicas, delimitadas no período colonial, surgiram no continente. Por serem frutos de divisões administrativas, comerciais e militares, esses novos países "tenderam a constituir-se como Estados ainda sem nações" (Guazzelli; Wasserman, 1996, p. 128).

Nesse panorama, a sociedade se aglutinou em torno de Estados políticos que tentavam reabilitar economias arruinadas pelas guerras de independência, o que levou o Estado nacional a surgir apenas posteriormente.

Em alguns lugares, uma pequena melhora no setor de exportações proporcionou certa diversificação econômica e o surgimento mais rápido de um Estado nacional – como foi o caso do Chile. Outros países não experimentaram o pequeno avanço da economia e a unidade nacional era um sonho distante em meio às disputas entre forças internas e externas – como na Argentina e em Nova Granada (Bethell, 1991).

Para compreender a formação dos Estados nacionais na América Latina, é preciso, primeiramente, pensar na própria ideia de *nação*. Para tanto, recorremos aos escritos de Octavio Ianni. De acordo com o autor, a nação

> *pode ser vista como uma configuração histórica, em que se organizam, sintetizam e desenvolvem forças sociais, atividades econômicas, arranjos políticos, produções culturais, diversidades regionais, multiplicidades raciais. Tanto o hino, a bandeira, o idioma, os heróis e os santos, como a moeda, o mercado, o território e a população adquirem sentido no contexto das relações e forças que configuram a Nação. A Nação pode ser uma formação social em movimento; pode desenvolver-se, transformar-se, romper-se.* (Ianni, 1988)

As emancipações políticas aconteceram em meio a um contexto interno de violência militar, em que os encarregados pelas independências tentavam adotar soluções importadas da Europa e dos Estados Unidos para lidar com problemas herdados do período colonial. Assim, os líderes hispano-americanos ficaram se debatendo entre diversos modelos e influências contraditórias na busca incessante pela unidade nacional e pelo reconhecimento de sua autoridade (Bethell, 1991).

Economicamente, até pelo menos a metade do século XIX, as economias latinas foram castigadas pela crise na Inglaterra, que dificultou a importação de manufaturas. A abertura das economias latino-americanas ao livre-comércio não era, portanto, a solução dos problemas de estabilidade – que também afetavam a vida política e social. Nessa época, grande parte da América Latina vivia um contexto de violência e guerra cotidiana (Guazzelli; Wasserman, 1996).

Guazzelli e Wasserman (1996) apontam outros aspectos distintivos do período posterior às independências na América Latina, como o fato de não ter havido sentimento ou ideia de identidade nacional antes das independências. Nas palavras dos autores:

> *Na América Latina, diferentemente do que ocorreu na Europa, o processo de independência que deu lugar à formação dos países parece ter sido*

> *carregado de forças centrífugas, que não permitiram a constituição do Estado nacional e que colocaram o primeiro problema teórico de crucial importância: a possibilidade de organizar um Estado nacional na ausência de um elemento aglutinador, ou seja, uma comunidade de interesses que atue com êxito no plano político.* (Guazzelli; Wasserman, 1996, p. 126-127)

O que nos chama atenção é que essas forças centrífugas de que falam os autores não se perpetuaram no poder. Não demorou, portanto, para que as oligarquias consolidassem seu domínio, tirando proveito das tendências localistas e regionalistas presentes em toda a América espanhola e portuguesa – outro traço distintivo da formação dos Estados nacionais latino-americanos.

Assim, os jovens países da América Latina surgiram em meio a diversos problemas herdados do período colonial, como o atraso tecnológico que afetava a produção, a grande burocracia administrativa e as inúmeras dificuldades de comunicação e transporte. No entanto, um dos maiores problemas era a inexistência de um mercado interno minimamente funcional, o que manteve o foco nas exportações – que caíam consideravelmente. Some a esse cenário a grande fuga de capitais estrangeiros e a saída massiva de metais preciosos de muitos países latino-americanos.

Esse grande panorama acarretou problemas na delimitação das fronteiras dos novos países, que acabou gerando um "movimento político-militar de longa duração, o que revela certa fragilidade social dos processos de independência latino-americanos" (Guazzelli; Wasserman, 1996, p. 127). Assim, imediatamente após o fim dos processos de independência, foram empreendidas várias tentativas de organização do Estado e de superação de antigas dificuldades e disputas que já vinham ocorrendo desde o período anterior.

Embora tenham surgido diversas propostas de solução desses problemas, alguns grupos tiveram mais condições que outros para levar adiante seus projetos. Enquanto a alguns setores da elite primário-exportadora interessava a manutenção do centralismo e das instituições da monarquia constitucional espanhola, outros setores viam a necessidade de romper com o passado colonial por meio do federalismo – seguindo o modelo norte-americano.

De maneira geral, o que houve após as independências latinas foi um cenário de democracias meramente formais, em que o jogo eleitoral era decidido por uma série de arranjos e coerções. Tendo em vista que nenhuma mudança estrutural realmente ocorrera, grupos oriundos de extratos sociais menos abastados passaram a apresentar resistência aos mandos dos grupos dirigentes – o que obrigou os que haviam abandonado o centralismo a revisitá-lo.

Todos esses fatores apresentados até aqui contribuíram para a criação de um panorama de grande pessimismo por volta de 1830. A instabilidade e estagnação econômica eram quase uma regra em países controlados por elites conservadoras e centralistas. Esse período estendeu-se por cerca de 30 anos, até que a recuperação europeia criou uma nova aceleração do setor primário-exportador – fato que mudaria o jogo novamente para os latino-americanos.

Esse novo fôlego nas exportações veio acompanhado de empréstimos e investimentos, com avanços nos setores de transportes, comunicações e finanças. A iniciativa das elites locais propiciou o desenvolvimento das forças produtivas em um continente de Estados intervencionistas, controlados por oligarquias que visavam à expansão do modelo de *plantation* e o controle da mão de obra. Contudo, lembre-se de que as fontes de poder latino-americanas eram, na maioria das vezes, dispersas – produtos diretos da heterogeneidade econômica e social local, das lutas regionais.

A América Latina era marcada pela multiplicidade das relações sociais de produção e pelas dificuldades no desenvolvimento capitalista – o que, em última instância, foi determinante para a instalação do Estado nacional em cada país (Guazzelli; Wasserman, 1996). Esse aspecto, somado ao contexto histórico de relativa estabilidade político-econômica, propiciou o início de uma fase de organização e consolidação nacional de vários Estados latino-americanos – notadamente aqueles que não eram grandes escravistas – por volta de 1850. Essa organização foi resultante de uma série de reformas liberais que ocorreram na maioria desses países, em especial naqueles com grandes populações indígenas, que foram antigos centros administrativos e/ou produtivos do Império Espanhol e em que a Igreja era a grande proprietária de terras. Colômbia e México são grandes exemplos dessa consolidação do Estado nacional e de ingresso na divisão internacional do trabalho por meio de reformas liberais. Outros países aliaram essas reformas à ocupação de vastos territórios não colonizados até o momento, como a região dos pampas argentinos.

De maneira geral, locais com um desenvolvimento capitalista mais adiantado tiveram menos dificuldades para consolidar seus Estados nacionais. Já em países escravistas essa mudança de modo de produção ocorreu com mais dificuldade, por meio da abolição da escravidão e da consolidação das oligarquias exportadoras.

> Atente para o fato de que a abolição não significou o estabelecimento absoluto do trabalho assalariado, pois os antigos senhores de escravizados negociavam todo o tipo de parceria, visando fugir do trabalho assalariado após a abolição.

A abolição da escravidão em países como Brasil, Cuba e Haiti é considerada – apesar das peculiaridades de cada caso – passos fundamentais na consolidação do capitalismo na América Latina, colocando essas nações no grande panorama da divisão internacional do trabalho.

Lara Taline dos Santos

Uma vez consolidado o capitalismo na América Latina, seguiu-se um acréscimo de produção e das culturas voltadas para a exportação. Apesar de isso ter conduzido a alguns avanços técnicos, houve grande apropriação de terras pelas oligarquias primário-exportadoras e o extermínio das populações nativas (Guazzelli; Wasserman, 1996). A esse respeito, Guazzelli e Wasserman (1996, p. 149) afirmam que o modo de produção capitalista

> *vai se implantando na América Latina de forma muito particular: subordina outras relações de produção e, embora sejam muito prejudicais ao seu próprio desenvolvimento, aproveita e mantém intactos os laços de dependências pessoal que uniam classes dominantes e dominadas.*

Em outras palavras, a consolidação do modo de produção capitalista na América Latina ocorreu pelas mãos das oligarquias primário-exportadoras – apesar das diferenças locais e das particularidades de cada país. Aparelhando o Estado e estabelecendo domínio sobre os trabalhadores, economia e política, as oligarquias se consolidaram no poder em fins de 1800.

Isso fez com que os Estados nacionais latino-americanos só fossem consolidados com a completa inserção da América Latina no modo de produção capitalista mundial, não havendo, novamente, mudança estrutural política, econômica ou social.

Esse fator conservador chegou, por vezes, a atrapalhar o processo de desenvolvimento do capitalismo em si, haja vista a (quase) inexistência de diversificação econômica, a instabilidade do sistema primário-exportador e a perpetuação das oligarquias no poder (Guazzelli; Wasserman, 1996). Além disso, esse panorama também deixou suas marcas nos tardios Estados nacionais latino-americanos e mantê-lo em mente é fundamental para que compreendamos a principal característica desses Estados: seu caráter oligárquico.

(3.4)
OLIGARQUIAS, POLÍTICA E CONSOLIDAÇÃO DO CAPITALISMO NA AMÉRICA LATINA

No período de consolidação dos Estados nacionais latino-americanos (por volta de 1850), havia uma dificuldade geral das oligarquias dirigentes em manter a ordem política e social. Contudo, as novas demandas nas exportações e a união com o capital internacional deram às elites oligárquicas estabilidade suficiente para acomodar as forças opositoras até 1880. Isso significou predomínio não apenas socioeconômico e político, mas também cultural e ideológico (algo facilitado pelos altíssimos índices de analfabetismo nessa parte do continente).

Talvez o traço definidor desse domínio oligárquico seja o fato de que não foi sequer necessária uma inversão de capitais para aumentar a produção. Isso ocorreu pelas formas tradicionais de apropriação da terra e do trabalho, uma vez que a base do poder político e social nas sociedades latino-americanas ainda residia na propriedade da terra. Em outras palavras, o elemento aglutinador do poder na América Latina era o próprio latifúndio, somado ao fortalecimento do exército a serviço das oligarquias.

Guazzelli e Wasserman (1996) apontam para as peculiaridades desse panorama de consolidação do Estado oligárquico e do capitalismo na América Latina. Nessa parte do continente, as relações de trabalho e propriedade ainda eram marcadas por traços pré-capitalistas – o que levou à manutenção de antigas estruturas sociais.

Além disso, a consolidação do capitalismo e o ingresso na ordem mundial do trabalho não formaram um mercado interno sólido e autônomo, visto que esse mercado só surgiu como uma extensão do mercado externo. Por essa série de motivos, podemos afirmar que o processo de acumulação capitalista latino-americano foi marcado por sua fragilidade, advinda da dependência econômica do latifúndio e da exportação de produtos primários (Guazzelli; Wasserman, 1996). Isso tudo ocorreu paralelamente a um programa de expansão do capital estrangeiro (britânico) na América Latina. Esse novo desenvolvimento capitalista aumentou o número de empréstimos concedidos a latino-americanos, propiciou o crescimento urbano e incrementou os investimentos em transportes (ferrovias), no setor de exportações, nas políticas bancárias e no estabelecimento de monopólios – notadamente, setores sobre os quais o domínio das oligarquias eram fracas.

Contudo, a crise das oligarquias só ocorreu efetivamente mais tarde, mais especificamente no início do sécul XX, visto que as melhorias vindas da consolidação do modo de produção capitalista e dos Estados nacionais na América Latina acabaram aumentando também o volume de exportação no setor primário e dando novo fôlego ao Estado oligárquico (Guazzelli; Wasserman, 1996).

(3.5)
IMPERIALISMO NA AMÉRICA LATINA

Para compreender os primórdios do imperialismo na América Latina, precisamos considerar a **Revolução Industrial** (1760-ca. 1820) em curso na Europa entre os séculos XVIII e XIX, responsável pela sua expansão (Wasserman, 1992).

Desde sua primeira fase, a Revolução Industrial afetou a América Latina por meio da política de crédito adotada pelos britânicos. Ainda no início do século XIX, inúmeras obras de infraestrutura foram executadas, assim como foram cedidos pelos britânicos empréstimos por tratados às elites *criollas* latino-americanas.

Dessa maneira, o vínculo imperialista se consolidou na América Latina por volta da segunda metade do século XIX, quando as oligarquias primário-exportadoras passaram a ser grandes abastecedoras do mercado europeu para gêneros alimentícios e matérias-primas. Em contrapartida, a América Latina consumia as manufaturas produzidas pelos europeus. Notavelmente, esse sistema apresentava frequentes problemas de demanda e a falta de investimento impedia o crescimento. O que se estabelecia, portanto, era um equilíbrio desigual na economia.

De qualquer maneira, o Estado oligárquico foi peça fundamental na intermediação entre os negócios dos latifundiários monocultores e do imperialismo (Wasserman, 1992).

Com relação ao imperialismo norte-americano, desde o final do século XIX, agentes dos EUA já procuravam influenciar a política econômica na América Latina por meio de ações diplomáticas, sobretudo na América Central. Foi nessa época que a **Doutrina Monroe**[3] ("América para os americanos") foi elaborada, reforçando a ideia de que os Estados Unidos não permitiriam a perpetuação dos laços coloniais entre latino-americanos e europeus.

No entanto, é válido ressaltarmos que o contexto interno dos Estados Unidos ainda não propiciava as condições ideais para que um domínio imperialista mais abrangente fosse implementado na América Latina, ficando sua ação mais restrita ao México e aos países caribenhos, como Cuba, Porto Rico, Filipinas, Guam e Ladrones (atualmente, Ilhas Marianas) (Wasserman, 1992). Nessa região, a ação

---

3 A Doutrina Monroe foi uma política de Estado norte-americana, iniciada no governo do Presidente James Monroe, em 1823, que defendia, basicamente, o fim do colonialismo europeu na América. Para saber mais sobre essa doutrina, consulte: SADER, E. et al. **Latinoamericana**: enciclopédia contemporânea da América Latina e do Caribe. São Paulo: Boitempo, 2007.

dos Estados Unidos foi mais direta. Em 1846, eles anexavam, por meio da guerra, uma parcela importante do território mexicano, dando mostras de suas pretensões imperialistas no continente. Em 1898, os norte-americanos venceram a Espanha ao apoiar as elites cubanas responsáveis pela independência da ilha e, dessa maneira, deram novo fôlego a seu imperialismo.

Wasserman (1992, p. 15) chama a atenção para o fato de que "até o final do século XIX, estas investidas norte-americanas, na América Latina, possuíam um caráter pré-monopolista, pois o país ainda recebia um volume grande de empréstimos do exterior para incremento da agricultura e dos setores têxtil e metalúrgico". Assim, os Estados Unidos trataram de regular as economias primárias de países próximos, como México e Cuba, ao passo que também utilizava a América Central como via de integração econômica entre os oceanos Atlântico e Pacífico, através da intervenção no Panamá. Ao contrário do que poderíamos pensar, essas iniciativas não estavam a cargo do governo dos Estados Unidos, pois eram realizadas por agentes privados que ganhavam grandes concessões (ilícitas) na América Latina (Wasserman, 1992).

No início do século XX, o panorama foi alterado pela ocorrência da segunda fase da Revolução Industrial, que colocou novos elementos em jogo, como a concentração de grandes monopólios, o aumento do capital financeiro (uma aliança entre o capital bancário e o industrial) e o surgimento de novos países como grandes nações imperialistas – como Alemanha, Japão e Estados Unidos.

Nesse contexto, o capital estrangeiro começou a vislumbrar novas formas de penetração no continente latino-americano. Novas demandas surgiram e o vínculo que existia entre as oligarquias primário-exportadoras e as grandes potências imperialistas foi alterado. Afinal, novas demandas exigiam a adequação da produção e, ademais, os Estados Unidos vinham substituindo o domínio europeu sobre a América Latina.

Com a Europa em guerra, a grande estagnação econômica e o caos social, os Estados Unidos tiveram seu trabalho de tomar o lugar dos europeus no controle dos países latino-americanos facilitado; assim, a América Latina foi estabelecida como grande zona de influência de Washington. Dessa forma, é correto afirmarmos que no início do século XX, os Estados Unidos já superavam o Império Britânico no que diz respeito aos negócios na América Latina. Isso ocorreu pelo simples fato que, na época, os Estados Unidos já eram mais ricos que seus rivais ingleses (Wasserman, 1992).

A Doutrina Monroe foi resgatada e utilizada em diferentes momentos da política externa norte-americana. Ela está presente, por exemplo, nas políticas intervencionistas do **Big Stick** (ca. 1901) – em tradução livre, "grande porrete" –, inspiradas no provérbio africano "Fale com suavidade e tenha um grande porrete"; na **Diplomacia do Dólar** (ca. 1910) – garantia de empréstimos aos latino-americanos; e nas **Missões Civilizatórias para a América Latina** (1913). Esse aparato ideológico foi utilizado para legitimar uma série de ações norte-americanas na América Latina – como aquela ocorrida na Venezuela no começo do século XX.

> Em 1902, a Venezuela passou por uma grave crise econômica. Para contornar essa situação, optou-se pelo não pagamento dos débitos que o Estado tinha com as grandes potências europeias. Naturalmente, os credores se revoltaram e posicionaram-se para dar aos venezuelanos uma resposta militar. Prontamente, os Estados Unidos interviram em favor da Venezuela e impediram a retaliação, mas também exigiram o pagamento da dívida (Wasserman, 1992).
> Um ano mais tarde, os Estados Unidos se envolveram em mais um processo de independência na América Latina, articulando com empresários franceses a emancipação do Panamá em troca de uma enorme concessão do Atlântico ao Pacífico.

Conforme vimos anteriormente, governos oligárquicos ligados ao grande latifúndio e à monocultura foram os responsáveis pelo lento desenvolvimento capitalista na América Latina – o qual foi marcado pela presença do capital estrangeiro monopólico. De acordo com Wasserman (1992), em fins do século XIX, a América Latina pré-capitalista já estabelecia sua condição de subdesenvolvimento, em boa parte por conta da ação imperialista, que obstruiu o desenvolvimento econômico e aprofundou as desigualdades sociais.

No entanto, é um equívoco pensar que a Améria Latina é apenas uma consequência das práticas imperialistas, a começar pelo fato de que essa ideia é generalizante e toma esse conjunto dos países como um todo monolítico e homogêneo – algo que sabemos ser radicalmente diferente da realidade.

Assim, tendo em vista os processos de independência e a maneira como ocorreu a consolidação do capitalismo na América Latina, podemos afirmar que a estrutura do Estado burguês, o ordenamento social e a lógica produtiva de cada país foi definida, em grande parte, pelo tipo específico de vínculo imperialista mantido – primeiro com a Europa e depois com os Estados Unidos (Wasserman, 1992).

Síntese

Neste capítulo, discorremos sobre o complexo processo de formação dos Estados latino-americanos, tendo em vista a consolidação de uma economia capitalista alinhada aos interesses das potências imperialistas.

Após o término do processo de emancipação política, encerrado em 1826, pudemos constatar a formação de diversos Estados na América Latina que ainda não se entendiam como nações – haja vista que não carregavam o sentimento de unidade nacional e ainda precisavam lidar com entraves econômicos advindos do período colonial. Em virtude das especificidades do processo de colonização espanhol, que criou quatro vice-reinados para administrar seus territórios na América, observamos que, após o processo de independência, surgiram novas unidades administrativas autônomas, que formaram pequenos países. O mesmo não ocorreu no Brasil, pois a ineficácia do sistema de capitanias hereditárias fez a administração lusitana concentrar seu poder para manter a unidade política.

A fragmentação da América Latina influenciou o líder venezuelano Simón Bolívar a empreender uma iniciativa que visava unificar os países latinos, mas que acabou sendo sufocada pelos Estados Unidos e pela Inglaterra, justamente por se opor aos seus interesses políticos e econômicos. Nesse sentido, verificamos que após as independências houve a formação de uma nação latina fragmentada, burguesa, essencialmente branca e que visava extinguir castas vistas como inferiores, como os negros e os indígenas.

Ademais, constatamos o surgimento de modelos democráticos meramente formais, uma vez que o que definia o poder político eram arranjos travados com grupos que detinham o poder econômico. A formação dos Estados nacionais latinos, nesse sentido, corrobora a formação de um Estado oligárquico, que empreendeu diversas estratégias para manter seus privilégios sociais.

Na sequência, verificamos que as economias latinas herdaram diversos entraves do período colonial para o desenvolvimento capitalista, como os atrasos tecnológicos, a dificuldade de transporte, as burocracias administrativas e, principalmente, a inexistência de um mercado interno minimamente funcional. Assim, entre 1830 e 1860, pudemos perceber que a instabilidade econômica europeia, agravada por conflitos internos, refletiu diretamente nos jovens países latino-americanos, que apresentavam uma economia dependente das exportações para o mercado europeu, principalmente para a Inglaterra. Contudo, após 1860, esse pessimismo econômico passa a desaparecer à medida que a economia europeia se estabiliza, tendo em vista a ampliação das exportações e dos investimentos nas tecnologias, bem como na comunicação e no transporte.

Simultaneamente a esses processos, observamos que a abolição consolidou a economia capitalista, pois abriu os países para a economia exportadora, aumentando a produção das culturas agrícolas alimentícias. No entanto, constatamos que a abolição da escravatura não significou grandes avanços para as populações baixas, visto que criou uma nova camada social fortemente estigmatizada, que não conseguia se inserir no mercado de trabalho. Além disso, a necessidade de terras para os setores agroexportadores fez as elites oligárquicas dizimarem milhares de populações nativas para criar grandes latifúndios.

Em seguida, apresentamos que, com o aumento do número de exportações, garantido com o apoio do capital internacional, as elites oligárquicas conseguiram manter o domínio político, econômico e cultural sobre a população – composta por recém-libertos e camponeses, majoritariamente analfabetos. Em outras palavras, a consolidação do capitalismo não ocorreu pelo fortalecimento do mercado interno; ao contrário, ocorreu pelo incentivo do capital externo, que criou uma dependência com relação às potências imperialistas.

A sustentação das economias latino-americanas adveio principalmente do latifúndio e da exportação de produtos primários, o que promoveu uma expansão do capital estrangeiro, pois os empréstimos favoreciam o desenvolvimento urbano, as melhorias nos setores de transporte e o estabelecimento de monopólios. Esse capital externo, em um primeiro momento, veio da Inglaterra, principal potência mundial, principalmente após as revoluções industriais. Os britânicos iniciaram seu processo de dominação nos países latino-americanos fornecendo empréstimos para obras de infraestrutura; as elites oligárquicas, por sua vez, retribuíram exportando produtos primários e gêneros alimentícios. Esse ciclo, conforme pudemos demonstrar, é fechado, pois um dos maiores mercados consumidores das manufaturas produzidas na Inglaterra eram os próprios países latino-americanos.

Por fim, analisamos de que maneira esses novos arranjos políticos consolidaram o modelo capitalista na América Latina – que continuou beneficiando as elites oligárquicas mesmo após os processos de independência. Nesse sentido, verificamos que foram mantidas as relações de dependência da América Latina com o capital estrangeiro, em um cenário favorável para as potências imperialistas que se consolidaram. Isso trouxe grandes consequências para os países latino-americanos, que não souberam desenvolver seu mercado interno. Essa dominação foi sentida em diversos aspectos, embora isso não queira dizer que ela não tenha encontrado resistências ou sofrido fortes abalos, que trouxeram à tona novos atores sociais – aspectos que aprofundaremos no próximo capítulo.

Atividades de autoavaliação

1. Após o processo emancipatório da América Latina (1815-1825), houve a formação de Estados que ainda não se constituíam como nações e que tiveram de adotar inúmeras estratégias para enfrentar seus entraves político-econômicos.

   Tendo isso em vista, marque a seguir a alternativa que corresponde ao único fator que **não constituiu** um problema estrutural na época:

   a) O atraso tecnológico que desfavorecia a produção interna e, consequentemente, causava diversos problemas econômicos.
   b) A dificuldade de comunicação e transporte nessas regiões, que ainda não tinham limites geográficos bem delimitados.
   c) A enorme burocracia administrativa, que dificultava as relações político-econômicas.
   d) A existência de um mercado interno pautado na produção de subsistência e que não favorecia a economia exportadora, tornando-se pouco lucrativo para esses países.

2. Por que a abertura das economias latinas ao mercado externo, ocorrida após o processo de emancipação política, não foi uma solução definitiva para a instabilidade econômica que esses territórios enfrentavam?

   a) A economia dos países recém-independentes sofreu fortes abalos, pois os impérios europeus, revoltosos após as independências, passaram a boicotar os produtos produzidos na América.

b) Porque os produtos americanos eram desvalorizados em detrimento de sua qualidade, se comparados aos produtos europeus, e apresentavam preços abusivos.

c) Mesmo após a independência, as economias exportadoras latino-americanas foram fortemente castigadas pelas crises que abalaram economicamente os Estados europeus, visto que os países latino-americanos eram os principais importadores desses países.

d) As alterações promovidas pelo processo de independência, como a abolição da escravatura, provocou uma crise econômica interna nesses países.

3. **Não caracterizou** um entrave para o desenvolvimento do capitalismo na América Latina:

   a) A (quase) inexistência de diversificação econômica, pautada em produtos de exportação europeia e latifúndios monocultores.

   b) A instabilidade do sistema primário-exportador, que dependia diretamente de um mercado europeu oscilante, sobretudo na primeira metade do século XIX.

   c) A perpetuação das elites oligárquicas na administração colonial.

   d) A abolição do modelo escravista, que impedia que essas nações fossem inseridas no grande panorama da divisão internacional do trabalho.

4. No início do século XX, as elites oligárquicas entraram em uma crise política nunca antes vivida, haja vista que desde o processo emancipatório elas tinham autonomia política e administrativa na maioria dos países recém-independentes. De fato, a própria consolidação do modo de produção

capitalista garantiu que pequenos grupos permanecessem no poder.

Tendo em vista essas constatações, a consolidação do capitalismo auxiliou os grupos oligárquicos a se manterem no poder porque:

a) aumentou o volume de exportação no setor primário, ampliando o poder econômico dessas elites e, consequentemente, sua influência política.
b) aprimorou o mercado interno, levando esses países a autogerirem suas economias.
c) trouxe autonomia para os grandes latifundiários, que diminuíram a dependência do mercado externo e fortaleceram seu poder econômico.
d) tirou a influência de potências econômicas europeias, que deixaram de influenciar diretamente a economia, fazendo as elites locais se consolidarem.

5. As revoluções industriais da Europa influenciaram diretamente a relação das potências imperialistas que lá emergiram com os Estados latino-americanos. As demandas trazidas pelo novo modo de produção seriam supridas com uma estreita relação travada com as elites oligárquicas latinas.

Sobre tais relações imperialistas, é correto afirmar:

a) Elas beneficiaram apenas as elites oligárquicas, que lucravam com os acordos econômicos e mantinham-se no poder.
b) As oligarquias primário-exportadoras latino-americanas tornaram-se grandes abastecedoras do mercado europeu

de gêneros alimentícios e matérias-primas, ao mesmo tempo que também eram importadoras das manufaturas produzidas pelos europeus.

c) Foi favorável tanto para as elites oligárquicas quanto para as camadas populares, que conseguiram inserir-se economicamente e alcançar altas posições sociais.

d) As potências imperialistas conseguiram suprir as demandas de matéria-prima e produtos agrícolas, mas encontraram dificuldades na ampliação do mercado consumidor, o que as levou a explorar os territórios africanos e asiáticos.

Atividades de aprendizagem

Questões para reflexão

1. Como a ascensão do capitalismo, pautado na economia latifundiária e exportadora, acabou moldando as sociedades latino-americanas e favorecendo a dominação imperialista?

2. Que fatores influenciaram os EUA a assumir as relações imperialistas na América Latina, em detrimento dos países europeus, na primeira metade do século XX?

Atividade aplicada: prática

1. Elabore um plano de ensino sobre o imperialismo na América Latina, atentando-se para os processos de continuidades e rupturas da dominação imperialista, sobretudo a norte-americana.

    Observação: Estruture-o de acordo com os requisitos mínimos de um plano de aula (ver página 239).

Lara Taline dos Santos

Capítulo 4

Forças políticas
latino-americanas

Este capítulo tem por objetivo estudar mais detidamente as principais forças políticas atuantes na América Latina e a crise das oligarquias dirigentes. Para tanto, consideramos que a crise do Estado oligárquico não ocorreu simultaneamente em todos os países do continente e, por esse motivo, destacamos diferentes momentos desse processo, bem como a emergência de novas classes sociais.

Além disso, debruçamo-nos sobre como essa crise generalizada do Estado oligárquico levou à instalação de um novo ciclo de revoluções na América Latina. Assim, apresentamos os principais conflitos sociais ao longo do continente, com especial atenção para o emblemático caso da Revolução Mexicana e seus efeitos em toda a América.

(4.1)[1]
A CRISE DAS OLIGARQUIAS

Para compreender a crise das oligarquias dirigentes na América Latina, devemos considerar o que significou o período do Estado oligárquico no continente. Tendo em vista o que foi apresentado até aqui, podemos afirmar que:

> *O Estado oligárquico foi a expressão político-administrativa de um modelo econômico de acumulação capitalista via setor primário-exportador, cujas principais características políticas eram a hipertrofia do aparato repressivo do Estado, a exclusão da maioria da população dos órgãos de decisão, a eliminação dos elementos democráticos-burgueses que se levantassem como alternativa progressista ao desenvolvimento do capitalismo e, muitas vezes, a intervenção política direta ou indireta do capital monopólico.*
> (Wasserman, 1992, p. 19)

---

1   Seção elaborada com base em Wasserman (1992).

Essas características do Estado oligárquico somavam-se à sua essência autoritária e a alguns elementos liberais – incorporados para agradar as metrópoles.

> A crise do Estado oligárquico na América Latina não ocorreu simultaneamente em todos os países do continente. Em alguns locais, ela se iniciou nas primeiras décadas do século XX, sendo acompanhada pelos efeitos do crescimento demográfico, urbano e industrial. Nesses países, as desigualdades haviam sido aprofundadas e o Estado oligárquico dava claros sinais de desgaste. Em outros locais, sobretudo naqueles em que a economia se encontrava mais fragilizada, essa crise só apareceu mais tarde.

Os países que sentiram a crise entre 1900 e 1930 foi devido à ascensão de novas classes sociais – que estudaremos mais a fundo na próxima seção. Outro fator foi o início de uma fase fabril da economia latino-americana. Algumas regiões se desenvolveram obedecendo determinada demanda, e, quando ela invariavelmente caía, essas localidades eram simplesmente abandonadas pelos investidores. Isso ocorreu em localidades exportadoras de minerais, café, carne, cereais, lã, cana-de-açúcar, estanho, frutas, cobre, guano, látex, metais preciosos, entre outros.

Nesse cenário, o esgotamento do modelo oligárquico autoritário, que privilegiava a formação de monopólios e a monocultura de exportação, aprofundou a estagnação econômica e a dependência estrangeira. Em alguns poucos casos, o domínio das oligarquias entrou em colapso pela ação de forças populares. O maior exemplo desse modelo de superação é a **Revolução Mexicana**, mas podemos ainda citar os casos da Venezuela, da Colômbia e da Nicarágua. Em outros países, a superação do Estado oligárquico ocorreu de maneira bem diferente. Chile, Argentina e Uruguai foram países que tiveram um precoce início de acumulação capitalista, se comparados com o resto da América Latina. Assim, enquanto outros iniciavam esse processo, esses três países sul-americanos já viviam a consolidação e a expansão de seu modelo capitalista. Apesar de complementares às economias das grandes nações imperialistas, as economias chilenas, argentina e uruguaia viveram uma incipiente industrialização e modernização antes dos demais países latino-americanos. Sua massa de trabalhadores também tinha constituição diferenciada, pois era composta, em sua maioria, por trabalhadores assalariados de origem europeia. Contudo, isso não significa que elas não fossem dominadas pelas oligarquias. Pelo contrário, esse domínio era sólido e criava uma dependência agrária, tal como se verificava em outros países do continente.

Enquanto isso, nos países em que predominavam os cultivos tropicais, havia a reprodução de relações pré-capitalistas de dependência. Foi o caso da Guatemala, Colômbia e El Salvador, que tiveram marcas dessa continuidade deixadas na formação das classes sociais que contestaram o Estado oligárquico.

No entanto, é preciso que você tenha claro que a crise do Estado oligárquico não significou o afastamento total das elites primário-exportadoras do poder. Ao contrário, elas continuaram presentes e com alguma força política na maior parte dos países latino-americanos.

(4.2)[2]
NOVAS CLASSES SOCIAIS

Logo na primeira década do século XX, quando o Estado oligárquico entrou definitivamente em crise, um novo ciclo de revoluções começou na América Latina. Esse ciclo foi marcado por uma aliança

---

2   Seção elaborada com base em Wasserman (1992).

incomum em muitos países, formada por classes sociais que uniram forças na luta antioligárquica. Por esse motivo, alguns autores afirmam ter havido uma momentânea superação da luta de classes em prol da destituição das oligarquias primário-exportadoras.

Conforme visto na seção anterior, nos locais em que havia cultivos tropicais, as relações pré-capitalistas de dependência marcaram o desenvolvimento político, econômico e social. Nesses países, o latifúndio tradicional foi o principal eixo econômico da nação, e cada crise apresentou-se como um desafio devido à oscilação e inconstância econômica local.

Sobre as incipientes classes sociais nesses países, é notável que os setores médios, a burguesia industrial, um minúsculo proletariado e uma grande massa camponesa destituída de terras tenham se manifestado em uníssono pelo fim da modalidade oligárquico-dependente de Estado. Além disso, essas classes também exigiam o fim do autoritarismo, das relações escravistas e da submissão às oligarquias.

> Antes de prosseguirmos, é importante que desmistifiquemos o posicionamento da burguesia industrial nesses países. Ao contrário do que se pode pensar, ela não era naturalmente antagônica às oligarquias primário-exportadoras por seu posicionamento liberal. Pelas suas próprias origens, essa camada social estava ligada ao desenvolvimento oligárquico, uma vez que os capitais para a indústria eram oriundos do latifúndio primário-exportador. O que ocorreu, portanto, foi uma confluência de fatores críticos que levaram a burguesia industrial a se posicionar, ao menos naquele período, como força contrária às oligarquias rurais. Além disso, essa camada social se apresentava como uma alternativa viável ao domínio oligárquico.

No início do século XX, já podia se notar a organização da burguesia industrial como grupo político-econômico coeso em vários países latino-americanos, como Brasil, México, Chile, Argentina e Uruguai. Apesar das diferenças locais, esses grupos focavam-se, de maneira mais geral, na proposta de desenvolver a indústria de bens de consumo e o mercado interno.

E como ocorria esse desenvolvimento? Vejamos a descrição a seguir: o "desenvolvimento das atividades industriais ocorria alternadamente nos períodos de prosperidade e crise do setor primário" (Wasserman, 1992, p. 32). Em outras palavras, de tempos em tempos, inúmeras empresas menores sumiam, dando às grandes companhias a chance de realizar uma concentração industrial na esteira da instabilidade econômica.

Como citamos anteriormente, à burguesia industrial somou-se o esforço do campesinato. Essa camada social tornou-se amplamente integrada na economia de mercado desde que a exportação de produtos primários foi ampliada. Apesar disso, o massivo campesinato ainda era uma classe social subalterna e que sofria com a consolidação do capitalismo e a política de cercamento de terras na América Latina.

O traço peculiar do campesinato que se juntou à luta contra o domínio oligárquico no início do século XX é chamado por Wasserman de **memória comunitária**. Esse conceito se refere a uma ideia saudosista dos períodos anteriores aos cercamentos e consolidação do modo de produção capitalista na América Latina. Por isso, o campesinato e suas práticas sociais e políticas estavam ainda atrelados a certas tradições – o que implicava a constituição de relações com a terra, a produção e a sociedade.

Apesar disso, as reinvindicações dos movimentos populares oriundos do campo giravam em torno do fim do latifúndio – mesmo que havendo, paralelamente, um resguardo das tradições culturais ligadas ao cultivo da terra. Esse verdadeiro culto ao passado empreendido pelos camponeses só foi abandonado após 1930, com uma grande crise do modelo primário-exportador e o alargamento e diversificação das pautas do movimento.

Por fim, fazia parte também das forças antioligárquicas o incipiente movimento operário, que surgiu em meio a disputas com a burguesia industrial e em oposição às oligarquias e às intervenções estrangeiras. Oriundos do campo, esses operários abarrotaram cidades em condições, muitas vezes, desumanas.

Como é possível perceber, foi em um contexto de grande descontentamento que as reuniões de trabalhadores passaram a ocorrer, sob grande influência do anarcossindicalismo, do socialismo e de outras tendências de luta trabalhistas vindas do Velho Mundo. Não demorou também para que essas reuniões embrionárias do que viria a constituir os movimentos operários latino-americanos fossem duramente reprimidas pelas forças oligárquicas. De fato, as vitórias desses operários ainda eram muito poucas para fazer alguma diferença estrutural.

Contudo, com a crise que se abateu na América Latina nas primeiras décadas do século XX, o movimento, que ainda era frágil, ganhou força e apresentou uma reação mais concisa aos mandos das oligarquias dirigentes, principalmente ao se unir ao campesinato para impor resistência.

Até 1930, não havia propostas concretas ou viáveis de governo que incorporassem as diferentes demandas desses grupos. Dessa maneira, os movimentos antioligárquicos demonstraram sua dispersão com as diferentes camadas sociais estando, muitas vezes, isoladas.

Com o desenvolvimento capitalista na América Latina, também vieram à tona as camadas médias da sociedade, constituindo-se na esteira do desenvolvimento urbano e industrial. Para se consolidarem, essas camadas aproveitaram-se da expansão do consumo e de um espaço de participação na política que as outras classes sociais já haviam aberto.

As classes médias da América Latina eram bastante heterogêneas – incluíam comerciantes (pequenos e médios), bancários, profissionais liberais, entre outros. Disso decorre que nem todos os setores das classes médias tenham se empenhado na luta antioligárquica. Porém, nos locais em que esses grupos abraçaram demandas pluriclassistas (notavelmente nos países com algum grau de desenvolvimento capitalista), eles foram muito importantes na pressão exercida sobre as oligarquias dirigentes.

Entretanto, é necessário se atentar para o fato de que esses setores médios não lutaram pela mudança de aspectos fundamentais da produção, deixando essa questão intocada. O que eles de fato reivindicaram foi o fim do autoritarismo do Estado oligárquico e a instalação da democracia. De acordo com esses setores, esse sistema de governo, aliado ao desenvolvimento econômico, à criação de um mercado interno de bens de consumo, ao consequente fim da dependência estrangeira e a um plano de libertação nacional, seria o motor da industrialização dos países latino-americanos. Tendo isso em vista, representantes das classes médias utilizavam uma retórica extremamente nacionalista e de defesa do mercado interno e do parlamentarismo.

Em alguns países, como Cuba e Porto Rico, a situação dessas novas classes sociais era ainda mais complexa, pois as economias locais encontravam-se completamente dominadas por empresas estrangeiras monopolistas – não existiam trocas, capitais e produtos circulando localmente. Isso porque as elites eram fracas demais para investir, as companhias internacionais tinham exclusividade comercial e a estagnação econômica era uma constante. Já outros países ainda comportavam economias dominadas por empresas estrangeiras ao mesmo tempo que – devido às culturas tropicais – as elites oligárquicas locais mantinham relações pré-capitalistas baseadas no latifúndio de monocultura.

Lara Taline dos Santos

Nesses dois tipos de países, as forças produtivas se desenvolveram com grande lentidão e esse fator teve implicações decisivas no surgimento de novas classes sociais, de movimentos políticos e em processos de urbanização e incipiente industrialização. Assim, podemos afirmar que a dominação econômica estrangeira e a estagnação advinda das relações pré-capitalistas estabelecida pelas elites oligárquicas afetou não só o desenvolvimento econômico desses países, mas também todas as suas relações de poder e a própria constituição social local.

De maneira geral, podemos afirmar que os processos de transição do Estado oligárquico para o burguês ocorreram em meio ao debate de pelo menos três questões fundamentais: **democracia, desenvolvimento econômico** e **libertação nacional**. Essas questões foram postas em virtude do surgimento e da consolidação de novas classes e movimentos sociais que pressionavam as já enfraquecidas oligarquias primário-exportadoras.

Assim, apesar de todas as particularidades dos diferentes casos de crise e colapso do Estado oligárquico na América Latina, as novas classes sociais tinham em comum o questionamento do domínio das elites primário-exportadoras. Pode ser que nem sempre elas tenham logrado coordenar a passagem ao Estado burguês, mas certamente em todos os casos essas novas classes sociais pressionaram a ordem estabelecida.

(4.3)[3]
A CRISE DOS ANOS 1920

Para estudar a crise que se abateu sobre a América Latina durante os anos 1920, Wasserman optou pela divisão do continente em três tipos de países: 1) que tiveram a evolução política marcada por revoluções (como no México); 2) que viveram processos de democratização (como Argentina, Uruguai e Chile); e 3) que se desenvolveram entre Estados oligárquicos duradouros e ditaduras militares (o caso mais comum).

Todos esses países viviam, em fins da década de 1910, as consequências da **Primeira Guerra Mundial** (1914-1918). A América Latina sofreu com o súbito declínio nas exportações até 1918. Os países mais atingidos foram, naturalmente, aqueles que já apresentavam distintivo grau de desenvolvimento econômico: Chile, Argentina e Uruguai. Contudo, esses países foram momentaneamente salvos pela vitória norte-americana na Primeira Guerra e seu consequente fortalecimento econômico, uma vez que isso trouxe lucros também para o setor exportador na América Latina. No entanto, o custo de vender para os norte-americanos era determinado país se atrelar definitivamente à sua economia, tornando-se dependente dessa nova potência mundial: "À medida que aumentava a penetração norte-americana, diminuía o controle do aparato produtivo local mantido pelas oligarquias, pois os Estados Unidos iam se apoderando das propriedades nacionais e adaptando as econômicas locais segundo seus interesses" (Wasserman, 1992, p. 45).

---

3 *Seção elaborada com base em Wasserman (1992).*

Lara Taline dos Santos

É necessário pontuarmos, primeiramente, que esse modelo de influência dos norte-americanos era bem diferente daquele aplicado pelos ingleses anteriormente. Em seguida, é preciso salientarmos que essa forma de controlar a economia dos países latino-americana levou à massiva desnacionalização econômica. Assim, os poucos países que ainda não eram economias complementares à economia norte-americana simplesmente não conseguiram manter a concorrência após a Primeira Guerra.

Essa era a nova realidade da América Latina no começo do século XX. Some a isso um processo de expansão demográfica e urbanização, com as oligarquias investindo em infraestrutura e no setor de transportes – o que, curiosamente, ajudou a romper com o modelo primário-exportador em alguns casos. Apesar de uma crise estar se aventando, a América Latina estava vivendo um eco da *belle époque* europeia.

Contudo, esse panorama teve vida curta. Não havia força produtiva suficiente nas cidades para absorver a nova massa de trabalhadores. O segundo e terceiro setores não eram desenvolvidos o suficiente – o que teve efeitos diretos no empobrecimento da maior parte da população e no aumento da desigualdade social e do desemprego.

Essa situação crítica é marcada, portanto, pelos conflitos sociais. Em um contexto de grande instabilidade econômica e de aumento do desemprego e dos empregos informais, esses conflitos podem ser compreendidos como reflexos dessa realidade, de uma grande indefinição quando à organização futura do país (Guazzelli; Wasserman, 1996).

(4.4)[4]
A Revolução Mexicana

Como já comentamos anteriormente, o Estado oligárquico entrou em crise de diferentes maneiras e em diferentes momentos na América Latina. Porém, alguns casos são peculiares – o mexicano é um deles. No México, que viveu um processo de independência conservadora – como estudamos anteriormente –, as primeiras décadas do período pós-independência foram marcadas pelo domínio das oligarquias. Foram elas as responsáveis por desenvolver o modo de produção capitalista no país, algo definido por meio de um grande acordo com o capital internacional – o maior proprietário de terras no México. Esse pacto não previa a reforma agrária e era guiado por uma ideia positivista de governo e ordem social. Foi com base nesses fatores que uma política de extermínio indígena continuou a ser praticada.

Enquanto isso, nas cidades mexicanas a situação era alarmante. Como em outros países, no México também não havia empregos suficientes para a massa de trabalhadores que se aglutinava nas cidades. O processo de industrialização era incipiente e o proletariado ainda era pouco expressivo e, tradicionalmente, ligado ao campo.

Esse era o contexto geral do México quando se iniciou o governo de **Porfírio Díaz** (1830-1915), em meados da década de 1880. Naturalmente, nessa época, o México dava total apoio às ações do capital estrangeiro – para descontentamento da burguesia industrial que se desenvolvia sob forte influência do liberalismo. Companhias internacionais dominavam todo o mercado local de bens de consumo, deixando muito pouco para que a burguesia industrial pudesse realmente

---

4   Seção elaborada com base em Wasserman (1992).

se desenvolver – daí seu interesse em instalar uma democracia liberal no país.

Paralelamente a isso, o incipiente proletariado começou a se mobilizar nas cidades, lançando sua primeira organização oficial em 1872, tendo sido bastante ativa nas grandes greves de caráter nacionalista, cuja penetração de ideias anarquistas era significativa. Como resultado, diversos sindicatos surgiram no país.

Isso tudo levou a um contexto de grande tensão em 1900. Com o apoio massivo da população, o movimento revolucionário passou a ganhar força. Por volta de 1906, o **Partido Liberal Mexicano** já estava consolidado e apto a disseminar suas ideias entre a população urbana por meio de seus jornais.

Dois anos mais tarde, isso resultou em uma primeira tentativa (fracassada) de revolução no México. Nessa oportunidade, o governo Díaz foi capaz de manobrar para se manter no poder, reprimindo com violência a massa que o pressionava. Contudo, a situação se tornou progressivamente insustentável. Antes do fim da década, em 1909, o campesinato também se uniu ao esforço antioligárquico no México. Sob a liderança de **Emiliano Zapata Salazar** (1879-1919) – que iniciara as agitações com um pequeno grupo pobremente armados –, o **Movimento Revolucionário do Sul Mexicano** passou a integrar a luta pelo fim do Estado oligárquico.

Finalmente, em 1910, teve início o conflito armado conhecido como *Revolução Mexicana* (1910-1920). O desgastado Presidente Díaz não tinha condições de controlar os movimentos rurais e urbanos. Sua situação se tornou desesperadora quando, em 1911, o exército zapatista se uniu definitivamente à Revolução e a guerra civil se disseminou por todo o México.

Esse panorama assustou os vizinhos norte-americanos – que prontamente se posicionaram, ameaçando intervir na situação caso ela não se definisse. De fato, alguns historiadores apontam que a ação dos Estados Unidos foi fundamental para que a Revolução depusesse Porfírio Díaz em maio de 1911.

Assim como registrado em outros países latinos, na Revolução Mexicana todos as camadas sociais se uniram contra o domínio das oligarquias – algumas com projetos para o governo pós-revolução, outras não.

Os campesinos, liderados por Zapata, por exemplo, tinham uma proposta de luta pela propriedade comunal da terra, sobressaindo-se, nesse projeto, os interesses locais. A burguesia, por outro lado, tinha um projeto mais abrangente de modernização da nação. Foi justamente esse projeto que saiu vitorioso com o fim da revolução (Guazzelli; Wasserman, 1996).

A Revolução Mexicana é o ponto de inflexão que marca a passagem do Estado oligárquico ao burguês no México:

> As contradições inerentes ao modo de produção capitalista na América Latina tiveram um desfecho radical no México, mediante a eliminação da fração oligárquica da classe dominante, destituição do sistema de propriedade latifundiária e das relações de produção que supunham formas compulsórias de trabalho. (Wasserman, 1992, p. 74)

É necessário que nos atentemos, contudo, para o fato de que as reformas ocorridas no período pós-revolucionário não foram fruto da contínua união entre as diferentes classes sociais. Pelo contrário, a união para derrubar o Estado oligárquico não durou muito tempo após a queda de Porfírio Díaz. Prevalecendo o domínio da burguesia, o novo governo contava com apenas dois membros do movimento revolucionário e sofria enorme pressão popular. No campo, a agitação também continuava grande, com a recusa de Zapata e seus comandados em reconhecer o novo governo.

Foi somente em 1912 que a situação começou a dar sinais de melhora. Nessa época, foi firmado um pacto entre os principais líderes revolucionários de cada setor da sociedade civil. O principal objetivo era, notavelmente, repensar (ou pensar pela primeira vez) uma legislação trabalhista para o país.

A nova situação acabou não agradando os Estados Unidos, cuja elite tinha investido milhares de dólares no México. Isso levou a nação norte-americana a interferir no país, mais especificamente nos eventos que levaram ao chamado **Golpe da Embaixada**, ocorrido em 1913. Nessa oportunidade, os norte-americanos conseguiram chegar ao poder – juntamente com representantes da Igreja, da grande burguesia industrial e das antigas oligarquias rurais.

Contudo, não existia consenso acerca desse novo governo, que enfrentava grande resistência não só do proletariado urbano e do campesinato (que chegou até mesmo a criar um projeto de organização próprio), mas também da pequena burguesia – não contemplada no novo projeto. Guerrilhas e protestos eclodiam por todo o país. Paralelamente, os Estados Unidos "advogavam para si uma 'missão civilizatória' de 'pacificar e democratizar' os países em sua zona de influência" (Wasserman, 1992, p. 81).

Enquanto isso, os camponeses angariavam apoio em torno de um projeto de reforma agrária. Por sua vez, setores no poder almejavam institucionalizar esse movimento sem atender realmente suas demandas. O governo, acuado, buscava imprimir certa ordem ao cenário de grande agitação popular. Para tanto, foi aprovada uma nova **Lei Agrária** – que absolutamente nunca entrou em vigor –, e o governo passou a financiar um exército de mercenários, que não passavam de membros do proletariado desejosos de um acordo referente à legislação trabalhista. Como você pode imaginar, essas leis nunca foram negociadas.

A pressão social vinda do campo e da cidade obteve resultado em 1917. Nesse ano, foi aprovada a primeira constituição latino-americana a prever a extinção do latifúndio e a divisão da terra em pequenas propriedades.

Talvez seja difícil imaginar qualquer efeito negativo derivado dessa nova legislação nos movimentos sociais de oposição ao governo estabelecido, porém eles existiram. Esses movimentos e organizações foram, em grande parte, neutralizados. Além disso, apesar da constituição, as reformas nesse período andaram muito lentamente, levando décadas para que algo realmente fosse feito.

Durante todo esse tempo, as classes que dirigiam o país tentaram barrar – de comum acordo com o governo dos Estados Unidos – as conquistas trabalhistas e uma possível revolução burguesa. Por outro lado, com as organizações existentes paralisadas, novas organizações começaram a surgir, integrando uma luta popular que durou cerca de duas décadas contra a dominação de classe da burguesia industrial.

Entretanto, em 1919, a perseguição do governo a líderes revolucionários obteve uma grande vitória ao assassinar Zapata Salazar. Esse fato é responsável por um longo período sem grandes conquistas populares que se estendeu até 1932, quando uma aliança entre as camadas populares do campo e das cidades, juntamente à pequena burguesia, levou o general revolucionário **Lázaro Cárdenas** (1895-1970) ao poder.

A situação era, mais uma vez, delicadíssima. A fim de reverter tal situação, Cárdenas colocou em prática um plano de governo que previa a nacionalização de companhias petrolíferas e férreas, uma profunda reforma agrária e uma intensa fiscalização e regulação das relações trabalhistas. "Lázaro Cárdenas, em seus seis anos de mandato, eliminou todo o poder dos latifundiários e construiu, influenciado pelas demandas nacional-revolucionárias, um México novo, onde a hegemonia burguesa se sustenta em, pelo menos, dois pilares: o político-partidário e o econômico industrial" (Wasserman 1992, p. 85).

Em fins da década de 1930, o processo revolucionário mexicano se encerrou definitivamente. Os grupos mais radicais abandonaram seus discursos mais inflamados e a burguesia impulsionou um grau de desenvolvimento capitalista que não foi visto em nenhum outro país latino-americano, uma vez que esse desenvolvimento não foi só econômico, mas também político, cultural e de identidade nacional. Isso tudo em meio a inúmeras contradições e comoções sociais.

(4.5)[5]
OLIGARQUIA, CAPITALISMO E IMPERIALISMO

Tendo em vista as discussões abordadas neste capítulo, é possível realizarmos uma reflexão mais específica sobre como as oligarquias, o capitalismo e o imperialismo vêm sendo trabalhados na historiografia sobre a América Latina.

Inicialmente trataremos do conceito de *oligarquia*, que se popularizou no vocabulário político por meio dos trabalhos de **Robert Michels** (1876-1936) sobre a teoria das elites.

De acordo com o *Dicionário de política*, oligarquia "significa etimologicamente 'governo de poucos', mas, nos clássicos do pensamento político grego, que transmitiram o termo à filosofia política subsequente, a mesma palavra tem muitas vezes o significado mais específico e eticamente negativo de 'Governo dos ricos'" (Bobbio; Matteucci; Pasquino, 1998, p. 835). Atualmente, de acordo com o mesmo dicionário, esse conceito se popularizou nas ciências humanas,

---

5   *Seção elaborada com base em Bobbio, Matteucci e Pasquino (1998).*

ganhando importância singular. Nessa toada, alguns autores defendem que jamais existiu e que não há possibilidade de se formarem governos plurais e populares. Nessa visão, os governos sempre são de poucos – e esses poucos são chamados de *elites*.

Os estudos sobre as oligarquias ganharam um impulso após as guerras mundiais, visto que muitos pesquisadores passaram a se dedicar ao estudo da organização sociopolítica dos países classificados como periféricos. Os frutos de suas pesquisas foram inúmeras teorias do desenvolvimento e subdesenvolvimento. Porém, o aspecto mais interessante dessas pesquisas apontam outro significado para *oligarquia*, que passa a ser concebida quase como um antônimo de *democracia*.

Contemporaneamente, o termo *oligarquia* ainda gera debates entre historiadores e cientistas políticos – sobretudo aqueles ligados à **teoria das elites**. Contudo, seu uso é bastante recorrente e não está mais condicionado ao conceito de *democracia*, mas a um grupo social específico e suas práticas.

Já o **capitalismo** é um termo bastante polissêmico, motivo pelo qual destacaremos apenas suas duas principais definições. A primeira é mais restrita e particular, referente ao capitalismo como modo de produção, como um subsistema econômico. Já a segunda considera o impacto que o capitalismo, como modo de produção, tem na formação da sociedade. Assim, o capitalismo designaria, não menos, uma relação social, um conjunto de comportamentos individuais e coletivos a serviço da produção, distribuição e consumo de determinados bens.

Se considerarmos um estudo mais específico da história do conceito de *capitalismo*, perceberemos, sem dificuldades, que ele oscila entre as duas visões citadas. No entanto, não se trata "de uma controvérsia nominalista, solúvel através de um acordo entre os estudiosos, mas de uma questão de identificação do mundo moderno e contemporâneo, que envolveu e envolve a identidade e a ideologia de vastos grupos sociais" (Bobbio; Matteucci; Pasquino, 1998, p. 141).

De maneira geral, as principais características que distinguem o capitalismo de outros modos de produção são o predomínio da iniciativa e da propriedade privada, do trabalhado assalariado, do sistema de mercado e da racionalização técnico-produtiva, a administração e a burocracia. Vale ainda lembrarmos que uma das características distintivas do sistema capitalista é seu poder de racionalização da vida individual e em sociedade.

A adoção, por parte do Estado, desse conjunto de características principais levou à formação de um sistema político-liberal – que inclui a relação de simbiose entre capitalismo e liberalismo.

Por outro lado, é igualmente redutor abordar o capitalismo apenas como relação social, pois deixa-se de fora importantes aspectos relativos à natureza e aos termos que contemplam essa relação socioeconômica. Fato é que o debate sobre o capitalismo não é novo nas ciências humanas. Ao longo de mais de um século, historiadores, economistas e cientistas políticos vêm tecendo análises sobre o capitalismo, as quais podem ser divididas em duas fases. A primeira seria aquela ligada à produção crítica de autores da escola alemã, como **Karl Marx** (1818-1883), marcada pelas análises socio-históricas e materialistas-dialéticas. A segunda fase, por sua vez, refere-se a um período em que a obra marxista foi revisitada à luz das mudanças na constituição do capitalismo entre o fim do século XIX e o começo do século XX, sendo um importante autor dessa corrente **Joseph Schumpeter** (1883-1950).

Por fim, chegamos ao conceito de ***imperialismo***. Embora seja um termo de origem recente, ele define processos que estão na história do mundo há séculos. Os primeiros estudos mais aprofundados sobre o tema e o surgimento das primeiras teorias ocorreram a partir do século XIX. Lembre-se que, nesse período, com o findar das unificações europeias, o imperialismo ganhou um novo fôlego e entrou em uma nova fase – o que demandou muita reflexão.

De maneira geral, o imperialismo é uma "doutrina que não exclui a paz mesmo permanente, mas quer alcançá-la mediante a conquista ou a sujeição dos mais débeis, política e economicamente, pelos mais fortes" (Bobbio; Matteucci; Pasquino, 1998, p. 875). Na maioria das vezes, os historiadores e cientistas políticos empregam esse termo para se referir a processos expansionistas marcados pela violência das potências dominadoras. Esses processos de expansão poderiam ser territoriais ou de influência e dominação econômica. E o que eles tinham em comum? O rastro de prejuízo, empobrecimento e subjugação de minorias e povos nativos que deixavam por onde passavam.

O mais importante, entretanto, é o fato de que o imperialismo assumiu diferentes formas, modalidades e facetas – tema de inúmeras análises recentes. Sobre essas análises, vale destacarmos que elas têm em comum a condenação das práticas imperialistas, encaradas como um desrespeito à autodeterminação dos povos. Além disso, tal atitude "assenta, em última análise, no fato de que o Imperialismo começa a ser entendido como uma contradição em relação ao princípio da autodeterminação das nações" (Bobbio; Matteucci; Pasquino, 1998, p. 612).

Atualmente, historiadores e demais cientistas sociais se utilizam do termo para designar processos heterogêneos de dominação de alguns países sobre outros.

Síntese

Neste capítulo, iniciamos a análise da crise do Estado oligárquico na América Latina. Essa crise, que não significou a absoluta ruína das elites primário-exportadoras, foi fruto do desgaste do Estado oligárquico e de uma coalizão de forças entre as novas classes sociais (como os setores médios e a burguesia industrial) que surgiram em muitos países latino-americanos nas primeiras décadas de 1900. Nesse sentido, indicamos que a luta antioligárquica foi composta por trabalhadores do campo e operários da cidade, ao passo que também contou com a participação dos setores médios da sociedade latino-americana e da burguesia industrial (que, a despeito de sua conexão com o capital primário-exportador, havia esgotado suas possibilidades de maiores lucros).

O cenário era de estagnação econômica e dependência do capital estrangeiro, apesar do incipiente desenvolvimento fabril. Em alguns países, no entanto, como na Argentina, no Chile e no Uruguai, o capitalismo se consolidou com antecedência devido à diversificação econômica local.

Conforme pudemos apontar, o exemplo mais radical de substituição do Estado oligárquico pelo Estado burguês-liberal ocorreu no México, em que uma revolução popular liderada por um camponês retirou o controle do Estado das mãos da oligarquia primário-exportadora.

Após introduzirmos o assunto, demonstramos que a consolidação do capitalismo na América Latina colocou definitivamente essa região no sistema político liberal, desvelando a conexão inexorável entre capitalismo e liberalismo econômico. Também destacamos que com o fim dos Estados oligárquicos, foi encerrada a união pluriclassista, embora seu legado tenha permanecido por meio do surgimento de vários movimentos sociais, entre eles o movimento operário.

Na sequência, discorremos sobre o novo ciclo de crises econômicas que assolou a América Latina a partir da década de 1920. Embora os efeitos benéficos do fim da Primeira Grande Guerra tenham chegado à

América Latina, trazendo crescimento demográfico e urbano, em seu bojo residia a crise, pois o desenvolvimento não era possível de ser sustentado. Além disso, os Estados Unidos assumiram o posto de nação preponderante sobre o continente americano, impondo políticas de desnacionalização e de estreitamento dos laços de dependência econômica. Notavelmente, os países que mais sofreram com tal crise foram aqueles que tiveram um desenvolvimento industrial mais acentuado, como Chile, Argentina e Uruguai.

Por fim, apresentamos uma breve conceituação dos termos abordados ao longo do capítulo: *oligarquia, capitalismo* e *imperialismo*. De maneira geral, podemos conceituar *oligarquia* como o governo de um grupo abastado (elite); *imperialismo* como um conjunto de processos violentos de expansão levados a cabo por nações poderosas, desejosas em aumentar seu leque de territórios e zonas de influência; e *capitalismo* como uma relação social e um modo de produção.

Atividades de autoavaliação

1. Apesar de complementares às economias das grandes nações imperialistas, as economias chilena, argentina e uruguaia viveram a consolidação do modelo capitalista quando o restante da América Latina ainda estava iniciando esse processo.

    Quais dos fatores a seguir caracterizam as economias desses países?

    a) Tiveram uma incipiente industrialização e modernização no processo de produção, bem como uma mão de obra composta, em sua maioria, por trabalhadores assalariados.
    b) Vivenciaram um processo intenso de industrialização, ampliando as oportunidades de trabalho para as camadas populares e fazendo-as ascender socialmente.

c) Concentraram-se no processo de exportação de gêneros primários para os Estados Unidos, que, em contrapartida, auxiliaram fornecendo empréstimos para o setor econômico.

d) A mão de obra era composta, em sua maioria, por trabalhadores de origem europeia, o que acabou ampliando os laços de dependência industrial com as potências imperialistas.

2. Quais foram os principais fatores políticos e econômicos que fizeram o campesinato se unir à burguesia industrial na luta pelo controle oligárquico no início do século XX?

   a) As crises econômicas que assolavam a exportação de produtos primários, uma vez que as elites haviam imputado altas taxações, desvalorizando os produtos.

   b) O fato de o campesinato constituir uma camada social subalterna e pequena, com pouca força política de reivindicação.

   c) A luta contra a política de cerceamento de terra e a busca pelo fim do latifúndio, que prejudicavam diretamente os interesses do campesinato.

   d) A memória comunitária do campesinato, que mantinha ligação com a posse de terras e a manutenção dos grandes latifúndios.

3. Oriundos da ascensão do modelo capitalista, os membros da classe média tiveram uma importante função na pressão política exercida contra as oligarquias dirigentes da América Latina. Embora essa camada social fosse bastante heterogênea, os interesses que a movia contra a elite oligárquica eram bem definidos.

Sobre as motivações da classe média contra o domínio oligárquico, é correto afirmar:

a) Lutavam pela mudança de aspectos fundamentais do modo de produção, criticando duramente as políticas econômicas adotadas pelos grupos oligárquicos.

b) Reivindicavam o fim do autoritarismo do Estado oligárquico e propunham a instalação de um Estado democrático, utilizando-se da retórica para defender o modelo parlamentarista.

c) Defendiam que o desenvolvimento econômico só seria possível a partir do fortalecimento do mercado externo.

d) Defendiam a manutenção dos direitos políticos e econômicos que haviam alcançado com o desenvolvimento capitalista, os quais ameaçavam diretamente os interesses oligárquicos.

4. As consequências da Primeira Guerra Mundial foram sentidas em boa parte das sociedades latino-americanas. Desconsiderando-se as especificidades de cada país, houve um choque com a alteração econômica que o conflito havia lançado. Países como Chile, Argentina e Uruguai tiveram que enfrentar a queda drástica do número de exportações, e, para tanto, contaram com a ajuda dos Estados Unidos, que após o conflito emergiu como uma potência consolidada.

Com base em seus estudos sobre o tema, assinale a única alternativa que corresponde às consequências do estreitamento dos laços entre norte-americanos e latino-americanos:

a) Os países latino-americanos enfrentaram uma massiva desnacionalização econômica, pois viram-se atrelados como economias complementares dos Estados Unidos.
b) A concorrência econômica entre tais países tornou-se acirrada, o que provocou oscilações na qualidade e no preço dos produtos comercializados.
c) Esse estreitamento com os norte-americanos foi efêmero, uma vez que as potências europeias não tardaram em retornar como principal polo importador dos produtos latinos.
d) Esse estreitamento trouxe inúmeros benefícios para os países latino-americanos, que passaram a contar com as contribuições norte-americanas e viram crescer seu mercado interno.

5. Em 1910, eclodiu no México um dos maiores movimentos revolucionários de oposição às elites oligárquicas da América Latina. Diversos grupos sociais uniram-se pelo país, descontentes com as influências do capital estrangeiro e a distribuição de terras em grandes latifúndios.

Nesse sentido, a eclosão da Revolução Mexicana pode ser explicada pelos seguintes motivos:

a) A divergência de interesses políticos entre o campesinato e as elites oligárquicas, bem como o descontentamento de setores do clero.
b) A luta do campesinato pela propriedade da terra e as reivindicações de setores burgueses por maior espaço na política.

c) A necessidade de uma modernização capitalista e a luta da burguesia pela ampliação da influência do capital estrangeiro no país.

d) A união dos liberais e dos comunistas mexicanos contra o *porfiriato* e o interesse dos grandes proprietários na aliança com o capital inglês.

Atividades de aprendizagem

Questões para reflexão

1. Entre os séculos XIX e XX, diversas camadas das sociedades latino-americanas uniram-se contra o domínio imposto pelas classes oligárquicas, que monopolizaram as decisões político-econômicas desde os processos emancipatórios, relacionando-se com o capital estrangeiro conforme seus próprios interesses. Burguesias industrializadas, campesinatos ou ainda grupos pertencentes à classe média foram movidos por interesses específicos e utilizaram diferentes estratégias para retirar as elites oligárquicas do poder. Discorra sobre os interesses que motivaram esses grupos e indique quais foram as estratégias utilizadas para isso.

2. A crise que se abateu sobre a América Latina durante a década de 1920 gerou transformações políticas de diferentes vertentes. No caso mexicano, a reação à crise foi um processo revolucionário. Já no caso do Uruguai e da Argentina, o modelo adotado para combater a crise foi o democrático. Tendo isso em vista, analise e compare as especificidades dos modelos revolucionário e democrático.

Lara Taline dos Santos

Atividade aplicada: prática

1. Leia o trecho a seguir:

   Houve na revolução mexicana duas grandes formações camponesas: o típico movimento de rebeldes-salteadores de Pancho Villa, no norte, e a agitação agrária de Zapata, em Morelos. Em termos militares, Pancho Villa desempenhou um papel incomensuravelmente mais importante no cenário nacional, mas que não modificou nem a configuração física do México, nem a do próprio território norte-ocidental de Villa. O movimento de Zapata foi inteiramente regional, seu líder foi morto em 1919, suas forças militares não tinham grande peso. No entanto, foi esse movimento que injetou o elemento de reforma agrária na Revolução Mexicana.
   (Hobsbawm, 2010, p. 106-107)

   Embora os movimentos liderados por Pancho Villa e Emiliano Zapata tenham ocorrido de forma regionalizada, é inegável que provocaram importantes alterações na sociedade mexicana.

   Tendo isso em vista, elabore uma pesquisa acadêmica sobre a memória histórica construída em torno desses dois sujeitos, bem como suas participações na Revolução Mexicana. Lembre-se de que você pode recorrer a diversas fontes históricas, como documentos, fotografias e documentários.

Capítulo 5
Nacionalismo, populismo e Guerra Fria na América Latina

Neste capítulo, analisamos a história da América Latina no século XX, mais especificamente o nacionalismo, o populismo e a influência da **Guerra Fria** (1947-1991) no continente.

Inicialmente, demonstramos como os processos nacionalistas se desenvolveram entre 1930 e 1955 e o que os levou a decaírem. Em seguida, trataremos do fenômeno populista, atentando para os efeitos da grande depressão na América Latina. Tendo em vista esse objetivo, serão abordados o desenvolvimento e os efeitos da **Revolução Cubana** (1953-1959), bem como da chamada *Crise dos Mísseis de Cuba* (1962), nos países latino-americanos.

Com base em uma ampla produção historiográfica sobre o tema – que conta com a obra de historiadores renomados, como **Eric Hobsbawn** (1917-2012) –, discutimos a onda de revoluções e movimentos que atingiu a América Latina e o Caribe após a década de 1940, assim como a intervenção estrangeira que se alastrou pelo território.

A partir dessas reflexões, delineamos o panorama político-econômico das nações latino-americanas que sofreram golpes militares durante o período de Guerra Fria – salientando sua relação com os Estados Unidos. Nesse sentido, a proposta é analisar o contexto político-econômico desses países tendo em vista os efeitos da Guerra Fria na América Latina.

(5.1)[1]
O NACIONALISMO NA AMÉRICA LATINA

Entre os anos de 1930 a 1955, desenvolveram-se na América Latina diversos processos nacionalistas. Esses processos foram uma grande

---

1   Seção elaborada com base em Devés Valdés (1997)

evidência da inaptidão da burguesia latino-americana em alcançar e manter um desenvolvimento capitalista satisfatório, independentemente dos interesses e das influências estrangeiras.

Nessa época, a busca por identidade passou a ser respaldada na economia latino-americana, dando origem a um **nacionalismo econômico** que acentuou os efeitos da quebra da bolsa de Nova York em 1929. Isso fez com que o discurso de valorização nacional, principalmente no setor industrial, ganhasse força em vários países.

> De acordo com o *Dicionário de política*, o termo *nacionalismo* pode ser definido da seguinte forma:
>
> > *Em seu sentido mais abrangente, o termo Nacionalismo designa a ideologia nacional, a ideologia de determinado grupo político, o Estado nacional, que se sobrepõe às ideologias dos partidos, absorvendo-as em perspectiva. O Estado nacional gera o Nacionalismo, na medida em que suas estruturas de poder, burocráticas e centralizadoras, possibilitam a evolução do projeto político que visa a fusão de Estado e nação, isto é, a unificação, em seu território, de língua, cultura e tradições.* (Bobbio; Matteucci; Pasquino, 1998, p. 799)

Houve inúmeros nacionalismos no continente americano, sendo que a **vertente hispanista** – que inspirou movimentos no Brasil, no México, na Argentina e no Chile – foi uma das que mais se destacou. O hispanismo "É um pensamento com raízes claramente católicas, de inspiração francesa [...] e espanhola" (Devés Valdés, 1997, p. 331), que notavelmente está ligado também a questões de formação identitária. Os países que adotaram esse nacionalismo eram caracterizados pela passagem por períodos de rápidas mudanças – como aquelas trazidas pelas duas guerras mundiais, pela Revolução Russa de 1917 e pela Crise de 1929.

> O hispanismo – denominado *agressivo* por Devés Valdés – rejeita qualquer conceito que venha da burguesia moderna e considera a economia colonial atrasada e obsoleta. Por outro lado, propõe um modelo de sociedade que valoriza a imagem de um líder forte, que rechaça o poder das antigas oligarquias e reafirma concepções nacionalistas conservadoras.

No campo acadêmico, a historiografia liberal foi rechaçada e os estudos se voltaram ao passado colonial. Sob a ótica do nacionalismo hispanista, a herança ibérica não era mais vista de forma absolutamente nefasta, visto que ela passou a ser compreendida como uma tradição que foi corrompida pelo liberalismo e pelo positivismo racionalista. Os historiadores que defendiam essa linha de pensamento apresentavam características revisionistas.

Os locais que adotaram essa modalidade específica de nacionalismo também o conectaram a antigas tradições e instituições locais, geralmente heranças do período colonial, o que acarretou distinções em sua aplicação em cada país. Na Argentina, por exemplo, o nacionalismo hispanista incorporou elementos do autoritarismo alemão, da burocracia espanhola e do fascismo italiano, criando um discurso próprio argentino. Já em outras localidades, o nacionalismo hispanista estava ligado diretamente à filosofia escolástica de São Tomás de Aquino (o tomismo), criando uma faceta ainda mais conservadora e tradicionalista.

No Brasil, muito se produziu a respeito do tema, sendo **Oliveira Viana**[2] (1883-1951) um dos autores mais conceituados na área, assim como **Plínio Salgado** (1895-1975), fundador da Ação Integralista Brasileira e militante de extrema-direita.

Salgado propôs um nacionalismo fundamentado no retorno espiritual aos ideais cristãos, pois identificou nisso uma forma de criar

---

2   Proeminente historiador que foi membro da Academia Brasileira de Letras.

Lara Taline dos Santos

uma unidade em torno da causa nacional. Isso ocorreu porque no Brasil, especificamente, havia uma conexão muito grande com o passado colonial. De acordo com o autor, "tratava-se de uma restauração do conjunto de princípios que havia comandado o país durante todo o período colonial" (Devés-Valdés, 1997, p. 336).

> De maneira geral, podemos apontar que o nacionalismo hispanista que se espraiou por boa parte da América Latina a partir de 1930 tinha como característica geral a valorização de tudo o que era patriótico somada a sentimentos religiosos.

Outra modalidade de nacionalismo identificada por Devés-Valdés (1997) é o **iberismo**, que tem como grande característica a negação do liberalismo e da sociedade individualista que ele produziu. Assim, os adeptos do iberismo exploravam a questão da espiritualidade. Paralelamente, o discurso católico estava igualmente impregnado pela ideia de retorno ao passado colonial, às raízes europeias, como chave para a emancipação e a construção da identidade nacional.

É importante destacarmos que essas teorias nacionalistas realizaram releituras das histórias nacionais e combinaram elementos variados, desde correntes de pensamento tipicamente latinas, como o indigenismo, até aspectos do afro-americanismo, leninismo e do conservadorismo.

Outro aspecto a ser observado é o de que as narrativas produzidas por autores teoricamente conduzidos pelo pensamento nacionalista apresentavam grandiosidade, enfatizando a figura dos grandes líderes e heróis nacionais. Na Bolívia, por exemplo, onde a tendência indigenista tinha grande força, houve uma grande preocupação com um retorno a um passado ancestral, indígena, anterior à chegada dos europeus. Na Argentina, por sua vez, a história nacionalista se apressou em ressignificar o **caudilhismo**[3], colocando essa prática como uma forma de luta por independência.

É importante também assinalarmos outras características comuns dos processos nacionalistas na América Latina, como a criação de um inimigo externo, a valorização da população do campo, o enaltecimento da história indígena e da tradição ibérica, a crítica ao modelo político-econômico liberal, a defesa da economia planificada e da intervenção do Estado, o anti-imperialismo e a soberania nacional. Além disso, é típico dos nacionalismos latino-americanos buscar a construção de uma identidade calcada nos valores de independência. Todos esses elementos foram articulados em um discurso que mesclava elementos do catolicismo com o debate econômico.

Com o intuito de construir essa identidade nacional, foram lançadas algumas alternativas, frutos de análises socio-históricas e culturais dos países latino-americanos. Como exemplo dessas propostas alternativas para a organização dos países latinos temos o indigenismo – que mencionamos anteriormente –, a ideia de ampla reforma agrária, de uma sociedade baseada em ideais cristãos e a redefinição do papel do Estado, compreendido, nesse contexto, como o guardião dos direitos populares. Todas essas propostas alternativas à situação de insubordinação dos países latino-americanos tinham como base a rejeição da democracia – entendida enquanto produto europeu – e da economia monetária internacional.

---

3 Compreende-se por caudilhismo o *"regime imperante na maior parte dos países da América espanhola, no período que vai dos primeiros anos da consolidação definitiva da Independência, em torno de 1820, até 1860, quando se concretizaram as aspirações de unificação nacional"* (Bobbio; Matteucci; Pasquino, 1998, p. 156). Entre as principais características do caudilhismo, encontram-se a centralização do poder na figura do caudilho (líder político carismático) e a proeminência de setores da aristocracia rural e exército.

Lara Taline dos Santos

As propostas nacionalistas tiveram tamanha expressão que chegaram a influenciar teorias desenvolvimentistas posteriores e até mesmo as visões da Comissão Econômica para a América Latina e Caribe (Cepal), criada pela ONU em 1948. Contudo, é importante salientar que todas as vertentes e os escritos nacionalistas jamais constituíram uma verdadeira teoria do desenvolvimento.

Essa busca incessante por uma identidade própria latino-americana empreendida pelo nacionalismo acabou por perder força após 1955, dando lugar a uma ideia de modernização que passaria a exercer grande influência ao longo do continente americano.

Apesar das inúmeras propostas feitas por intelectuais da época, os nacionalismos na América Latina foram "mais uma proposta de defesa que de construção econômica" (Devés Valdés, 1997, p. 341). Contudo, os fundamentos desse pensamento ainda ecoariam nos anos seguintes, deixando uma marca indelével na história da América Latina contemporânea.

(5.2)
O FENÔMENO POPULISTA

Após o término da Primeira Guerra Mundial, em 1918, houve mudanças na economia mundial: a economia capitalista clássica sofreu um grande abalo com a destituição da Inglaterra do posto de maior potência econômica do mundo e o padrão-ouro (que era usado até o momento nas transações econômicas) entrou em crise. Naturalmente, essas mudanças profundas acarretaram outras, sobretudo na área dos investimentos e do comércio exterior. Novas demandas surgiram e materiais como o petróleo passaram a ganhar grande importância por volta de 1920.

As mudanças no cenário político-econômico internacional tornaram os Estados Unidos os detentores das melhores oportunidades de comércio, o que mudou a política de exportações no mundo todo. Você deve se recordar que os países latino-americanos mais atingidos por essa troca na liderança econômica mundial foram os que já tinham alguma industrialização e modernização, notavelmente, Uruguai, Argentina e Chile. Os acordos que esses países tinham com a Alemanha foram desfeitos e os Estados Unidos não tardaram a ocupar o espaço que havia sido aberto.

Com a guerra devastando a Europa e a América Latina produzindo mais devido aos investimentos no setor agrícola (investimentos que só foram possíveis graças aos empréstimos norte-americanos), a ameaça do excesso de produção começou a rondar o mercado de produtos primários – como o açúcar. Além disso, ao assumir o posto de grande potência mundial, os Estados Unidos empreenderam uma reorganização do mercado monetário e do sistema bancário mundial – o que afetou a América Latina em cheio.

Thorp (2001) afirma que tal panorama levou a rápidas e profundas mudanças no papel exercido pelo Estado não só na América Latina, mas em todo o mundo ocidental, visto a necessidade que nasceu nos tempos de guerra: a de regular a economia. Foi nesse cenário que houve a ascensão dos nacionalismos e que também ganharam força inúmeros movimentos trabalhistas.

De qualquer maneira, antes do fim da década de 1920, já havia grande desequilíbrio no mercado internacional de *commodities*, sem falar do descontrole norte-americano dos investidores, acionistas e especuladores. O resultado está em 1929, quando uma crise violenta derrubou a bolsa de valores de Nova York, levando à derrocada dos preços de produtos primários e à paralisação do fluxo de capitais, das relações comerciais e dos investimentos (Thorp, 2001).

Na América Latina – onde os problemas do mercado internacional se escondiam atrás de uma cortina de pretenso desenvolvimento proporcionado pelos empréstimos estrangeiros e pelas grandes entradas indiretas de capital –, as oscilações nas exportações continuaram (Thorp, 2001). Adicione a essa equação crítica questões cambiais e tarifárias, desigualdade social, desejo de retomar o antigo padrão-ouro britânico, descompasso entre os preços dos produtos externos e internos e políticas econômicas extremamente equivocadas e ineficientes.

Alguns autores, como Thorp (2001), defendem até mesmo que os investimentos estrangeiros estavam verdadeiramente impedindo o desenvolvimento na América Latina. Isso porque eles seriam responsáveis por esconder o fato de que os produtos latino-americanos não estavam atingindo mercados internacionais com a falsa impressão de crescimento – vinda dos investimentos e dos inúmeros empréstimos de bancos norte-americanos. Para essa autora, portanto, o crescimento das exportações trazidos pela Primeira Guerra Mundial foi enganoso e impediu o desenvolvimento interno da incipiente indústria latino-americana – que também foi afetada pela perda da parceria comercial com a Inglaterra e a Alemanha. Com o cenário desfavorável para a América Latina, a intervenção e o controle dos Estados Unidos se acentuaram, criando um panorama de grande dependência em muitos países. Por esse motivo, Thorp (2001, p. 11) afirma que "é errado considerar 1929 como um ponto crítico; foi o resultado de tudo o que havia acontecido – ou não aconteceu – durante os quinze anos anteriores, e deveria ser a base do que viria depois".

Após a guerra e a Grande Depressão de 1929, muitos países passaram a temer a dependência do capital internacional, procurando autonomia bancária e financeira e o fortalecimento de mercados estratégicos. Por isso, na América do Sul, passou-se a almejar certo controle financeiro, o que tornou o comando dos Estados Unidos nas instituições de crédito um problema em alguns locais. A inflação castigava as economias latino-americanas. As medidas eram ineficientes ou apenas criavam uma cortina de fumaça para esconder a real gravidade da situação e o fato que até aquele momento nunca havia existido uma política de desenvolvimento industrial condizente com a realidade latino-americana (Thorp, 2001).

Conforme afirma Thorp (2001), ainda faltava muito para que as classes dirigentes de vários países latino-americanos entendessem que seus interesses não eram os mesmos do capital internacional – foi preciso ocorrer a Grande Depressão para que mudanças ocorressem. De acordo com Pedroso (2012), a relação entre países industrializados e aqueles que eram fornecedores de produtos primários se alterou, criando um novo cenário na economia mundial.

É nesse cenário que surgiu um dos maiores fenômenos políticos do século XX: o **populismo latino-americano**. Salvo algumas particularidades, os países da América Latina sofriam com regimes de propriedades semelhantes, típicos de países que viveram numa lógica colonial e que ainda mantinham uma visão antiquada sobre a produção. De acordo com Pedroso (2012), isso ocorria devido à falta de diversificação das atividades produtoras (concentradas em matérias-primas e gêneros alimentícios) e à dependência do comércio e do capital estrangeiro – traços das economias latino-americanas já identificados ao longo dos capítulos anteriores.

Diversos países na América Latina apostavam em um grande produto exportador – no Brasil, esse produto era o café – e disputavam mercados entre si. A situação só era um pouco diferente – conforme estudamos – em países situados fora da zona tropical, que eram obrigados a diversificar sua produção para além dos gêneros agrícolas – como no caso da Argentina, do Chile e do Uruguai.

Politicamente, a situação dos países latinos não era melhor. Partidos políticos desgastados mantinham velhas oligarquias no poder ao longo dos anos. A burguesia industrial – que objetivava o mercado exterior – e os grandes latifundiários se digladiavam em velhas disputas por poder – o que criou um panorama peculiar. Conforme explica Pedroso (2012, p. 220), "nas regiões de economia agrícola, a consolidação do poder estatal esteve na dependência da abertura de linhas de exportação que, favorecendo uma região, permitia a esta sobrepor-se às demais". Soma-se a esse cenário complexo o fato de que os países latinos viviam um misto de confusão política e violência clientelista.

O sentimento nacional começou a ganhar força em diversos países, cenário no qual podemos identificar o surgimento do **populismo**, definido como "as fórmulas políticas cuja fonte principal de inspiração e termo constante de referência é o povo, considerado como agregado social homogêneo e como exclusivo depositário de valores positivos, específicos e permanentes" (Bobbio; Matteucci; Pasquino, 1998, p. 980).

Assim, é seguro afirmarmos que o populismo surgiu na América Latina em um momento transitório, de desagregação do Estado oligárquico e de surgimento do Estado burguês (Wasserman, 1992). Foi um período, portanto, de rápidas transformações e de algum grau de desenvolvimento industrial para diversas nações latinas. Em outras palavras, um momento de desenvolvimento das relações de produção capitalistas na América Latina (Pedroso, 2012).

É importante destacarmos que essas mudanças não contaram com a participação popular. Somente no caso da Revolução Mexicana a relação entre o Estado (capitalista) e a sociedade civil foi modificada essencialmente, em boa parte pela massiva participação popular no movimento (Wasserman, 1992).

As sucessivas crises e a instabilidade constante tornaram incômoda a presença estrangeira em algumas nações latino-americanas. Nesses locais, os modelos de economia e democracia importados de nações europeias ou dos Estados Unidos não condizentes com as aspirações populares passaram a ser contestados (Bobbio; Matteucci; Pasquino, 1998). Além de tudo isso, houve o surgimento de novos partidos políticos – o que alterou configurações políticas internas.

De acordo com Pedroso (2012, p. 228-229), "o populismo exprime um ponto avançado no processo de secularização da cultura e do comportamento, pois surgem novas relações entre o trabalhador, os instrumentos de produção e o produto da força de trabalho, em cujo processo se dá a formação das classes nas nações da América Latina". Dessa maneira, podemos afirmar que o populismo foi uma forma específica que a América Latina encontrou para organizar e gerir conflitos, relações e contradições de classes em um contexto de desarticulação da economia mundial (Pedroso, 2012; Corsi, 2008).

Embora o populismo tenha se espalhado por diversos países latino-americanos, de acordo com as análises feitas por Ianni (1991), foram três os casos mais emblemáticos: o **varguismo**, no Brasil; o **peronismo**, na Argentina; e o **cardenismo**, no México. Nesses países, a burguesia não foi capaz de levar adiante projetos de crescimento econômico e o Estado teve de assumi-los em meio a uma conjuntura exterior de políticas cambiais desfavoráveis a exportações de bens primários (Corsi, 2008).

Nesses casos, algumas características comuns puderam ser mapeadas, entre elas o fato de que os governos populistas desses três países realizaram mudanças de ordem político-econômica que alteraram o fluxo de capitais nacionais, internacionais e até mesmo as relações de produção. Com um projeto desenvolvimentista, **Getúlio Vargas** (1882-1954), **Juan Domingo Perón** (1895-1974) e **Lázaro Cárdenas** del Río (1895-1970) procuraram dar fôlego para a indústria e para o mercado interno, conseguindo alcançar um grau relativamente satisfatório de desenvolvimento industrial.

Isso não significa que eles cortaram relações com investidores internacionais, mas foi visível a procura por maior autonomia econômica. Desse fato advém, em grande parte, a conotação nacionalista atribuída a esses governos. De acordo com Corsi (2008, p. 6), "ao lutarem por certa autonomia, principalmente no contexto de acirramento da guerra fria, [os governantes populistas] eram considerados nacionalistas".

Notavelmente, alterou-se também a relação do povo com seu governo. Isso ocorreu em razão da adoção de políticas de industrialização e a substituição de importações levadas a cabo pelos líderes populistas, que visavam impulsionar a produção nos setores secundário e terciário (Ianni, 1991).

Até 1945, os mercados ainda atravessavam graves crises. Mesmo que tenha sido detectada certa retomada no volume do comércio internacional entre o período da Segunda Guerra Mundial e 1950, o crescimento nas exportações não se sustentava e o fluxo de capitais na América Latina era baixo.

Lembre-se de que, para além do cenário crítico, as grandes economias mundiais jamais haviam estado abertas à importação de manufaturas vindas de países periféricos – o que não tinha mudado até então. Além disso, havia a questão da divisão internacional do trabalho, como aponta Corsi (2008, p. 7), que "naquele momento não abria a possibilidade de estratégias de desenvolvimento voltadas para as exportações". Nesse sentido, vale destacarmos que o sindicalismo também cresceu nesse período, tendo em vista a luta por maior participação política (lembre-se de que a América Latina era assolada por relações clientelistas) e melhores condições de vida e trabalho.

De maneira geral, podemos afirmar que a era do populismo na América Latina trouxe a reformulação de políticas financeiras e de Estado, proporcionando o desenvolvimento industrial em muitos locais onde a presença do capital estrangeiro havia impedido isso de ocorrer plenamente.

No entanto, é preciso salientarmos que os projetos de industrialização não foram completados, o operariado e o campesinato ainda continuaram em situação subalterna em relação às camadas sociais dirigentes e os problemas relacionados às desigualdades sociais continuaram afligindo México, Argentina e Brasil (Corsi, 2008). Isso porque o populismo não foi capaz – ou nunca teve a intenção – de romper com a lógica na qual estavam inseridas as relações de produção latino-americanas (Pedroso, 2012). Além disso, os governos populistas na América Latina tinham intervenção limitada na economia e jamais lograram estabelecer esquemas sólidos "de financiamento interno da acumulação de capital" (Corsi, 2008, p. 8).

(5.3)
A Revolução Cubana

Os anos 1950 foram substancialmente diferentes para as nações caribenhas. Estando ainda mais atreladas ao domínio dos Estados Unidos, esses países enfrentaram todo o tipo de processo crítico nessa década.

Um dos países mais afetados foi uma pequena ilha próxima da costa da Flórida: Cuba. Na década de 1950, esse país – marcado pela escravidão, predominância do latifúndio, dominação oligárquica e maciça presença norte-americana – enfrentou uma grave crise socioeconômica que colocou em cheque a presidência de **Fulgencio Batista** (1901-1973). Muito frágil e pouco diversificada, a economia cubana sofria com a instabilidade do mercado do açúcar, e, no começo da década de 1950, a situação era de recessão. Isso impediu Cuba de ter o mínimo de desenvolvimento industrial no período pós-guerra – como tiveram Brasil, México e Argentina. As poucas indústrias cubanas não conseguiam fazer frente às norte-americanas, não tinham incentivos ou abonos e se concentravam na produção de gêneros alimentícios e têxteis. Tudo isso em um cenário de grande abertura econômica em que uma soma imensa de capital ia para fora do país (Bethell, 1998).

O controle norte-americano, que já era grande, aprofundou-se após a Segunda Guerra Mundial, fragilizando ainda mais a economia. Nesse ponto, chamamos a atenção para o fato de que a referência de Cuba nessa época era somente os Estados Unidos, estando esse país completamente dependente e integrado ao sistema econômico norte-americano. Os cubanos participavam ativamente da economia dos Estados Unidos, embora não tivessem nenhuma prerrogativa de cidadania norte-americana.

A solução de Fulgencio Batista e das elites dirigentes para fortalecer a economia cubana foi incrementar a produção, porém, a estratégia não foi eficiente e acabou por diminuir ainda mais a capacidade das exportações cubanas. Enquanto isso, a população campesina sofria com o desemprego e o empobrecimento, enquanto a classe média urbana também sentia a crise.

A pressão para a saída de Batista era grande e sua recusa só complicava a situação. Apesar de uma sensível melhora por volta de 1955, antes do fim da década a situação de Cuba se tornou novamente desesperadora. A escassez de produtos básicos levou à alta vertiginosa dos preços, algo agravado pela revolta dos camponeses, que queimaram e destruíram plantações. A produção de açúcar – principal produto da ilha – despencou consideravelmente, tornando a situação caótica.

Foi nesse pequeno e atribulado país que surgiu um movimento revolucionário de proporções modestas e objetivos militares relativamente simples, que mais tarde tomou as páginas de jornais do mundo todo: o **Movimento 26 de Julho**. Em 1958, esse movimento iniciou uma série de ataques aos grandes latifúndios, a fim de minar o apoio político a Batista das elites exportadoras – tanto estrangeiras quanto nacionais. Não demorou muito para que o Movimento 26 de Julho passasse também a ameaçar engenhos de açúcar (principal alvo do grupo), fábricas de tabaco, serviços públicos, transportes e refinarias de petróleo (Bethell, 1998).

O objetivo do grupo era claro: derrubar Fulgencio Batista. Assim, em 1958, Cuba imergiu em um processo revolucionário sem precedentes. No comando das forças revolucionárias estava **Fidel Castro** (1926-2016), aclamado durante uma reunião de grupos de oposição ao presidente. Durante esse encontro, o presidente atacou desesperadamente, com força massiva, os guerrilheiros escondidos na região de Serra Maestra. Porém, sua ofensiva fracassou, aprofundando a crise e desintegrando as forças armadas. O exército federal já não combatia mais e as deserções chegaram a números incontroláveis. A guerrilha liderada por Castro soube se apropriar desse momento e lançou uma contraofensiva. Rapidamente, no interior, povoados e cidades inteiras se renderam aos avanços das forças revolucionárias.

Completando o quadro crítico de Batista, houve a retirada de apoio dos Estados Unidos. Aos norte-americanos, interessava restabelecer a produção e o funcionamento regular da ilha o mais rápido possível e, para tanto, suspendeu-se o envio de armamento a Cuba. Se vários aliados de Batista só se mantinham ao seu lado por seus laços com os norte-americanos, agora já não havia mais motivo para isso. Assim, com Batista isolado, a estratégia dos Estados Unidos para sua derrubada surtiu rápidos efeitos (Bethell, 1998).

Desesperado para reaver o apoio norte-americano, Batista deu sequência a um processo eleitoral ainda em 1958. O objetivo era mostrar aos vizinhos mais ricos que, apesar da guerra civil, tudo ainda corria normalmente na ilha. Porém, as coisas definitivamente não iam bem e as eleições foram marcadas por inúmeras acusações de fraude. O eleito foi Andrés **Rivero Agüero** (1905-1996), candidato do governo, mas isso estava longe de ser uma vitória.

Cada vez mais, a situação parecia se encaminhar para um fim violento. A contraofensiva da guerrilha tinha causado um efeito irreversível na população cubana: o sentimento de que era possível derrubar o governo. Todos os dias, centenas de pessoas se alistavam para as guerrilhas ou na resistência urbana. Essas pessoas se armavam com todo o tipo de equipamento abandonado pelos militares que desertaram, passando a utilizá-los em levantes que apareciam às dezenas pelo país.

Nesse contexto de grande comoção social, Batista fugiu do país e um golpe de Estado foi orquestrado por militares. Porém, pouco articulados e sem apoio popular, eles foram rapidamente neutralizados pelos revolucionários do Movimento 26 de Julho. Com a notícia de que o presidente havia deixado a ilha, a pequena parcela do exército federal que ainda estava em luta deixou de oferecer resistência aos revolucionários.

No começo de 1959, Fidel Castro chegou à capital, Havana, e um novo governo revolucionário subiu ao poder. O exército havia se desintegrado e eram as forças rebeldes as responsáveis por defender o novo regime. Os partidos políticos foram desintegrados – somente o partido comunista foi mantido (Bethell, 1998).

Nas palavras de Hobsbawm (2009, p. 427), o novo governo cubano inspirou toda a esquerda revolucionária: "A revolução cubana era tudo: romance, heroísmo nas montanhas, ex-líderes estudantis com a desprendida generosidade de sua juventude – os mais velhos mal tinham passado dos trinta –, um povo exultante, num paraíso turístico tropical pulsando com os ritmos da rumba".

O então jovem e carismático guerrilheiro Fidel Castro[4] ficou subitamente conhecido mundialmente. O líder cubano discursou a favor da revolução em eventos pelo mundo todo, utilizando o que Hobsbawm chama de *método ativista*. Invocando os grandes libertadores da América – como Simón Bolívar – em discursos que remontavam as tradições revolucionárias de 1917, Castro denunciou as ações agressivas do imperialismo e passou a povoar o imaginário de intelectuais militantes de toda a América Latina.

O cenário foi perfeito para a ação de outra emblemática figura latino-americana: o revolucionário argentino **Ernesto Che Guevara** (1928-1967), que passou a pregar uma ideia de revolução baseada no modelo cubano. Seus históricos discursos arrebataram centenas de jovens:

> *Lembre-se sempre que nós somos uma tocha acesa; de que nós todos somos o mesmo espelho que cada um de nós individualmente é para o povo de Cuba e somos esse espelho para que se vejam nele os povos da América e todos os povos oprimidos do mundo que lutam por sua liberdade e devem ser dignos desse exemplo. A todo o tempo e toda a hora devemos ser dignos desse exemplo.* (Discurso..., 1962, p. 10-11, tradução nossa)

Contudo, mesmo com todos os discursos aglutinadores e contando com maciço apoio popular, o desafio dos revolucionários era imenso: era preciso gerir normas, regulamentos, práticas e instituições

---

4   Até então, ele era desconhecido por não ser exatamente o tipo de figura comum na política latino-americana, visto que advinha da classe média proprietária de terra.

nacionais. Também era preciso transformar a nova ordem em realidade, tudo isso em um contexto de Guerra Fria – tema que aprofundaremos em nossa próxima seção.

(5.4)
Guerra Fria na América Latina

Após o término da guerra, emergiu uma potência para fazer frente aos Estados Unidos: a União das Repúblicas Socialistas Soviéticas (URSS). Esses dois países apresentavam políticas econômicas distintas, o que gerou um conflito caracterizado "por enorme tensão entre os blocos (o que acaba favorecendo integração crescente no interior de cada bloco), dando a impressão de que ocorreria, a curto prazo, uma terceira guerra mundial" (Bobbio; Matteucci; Pasquino, 1998, p. 114). O panorama era, portanto, de disputa por zonas de influência no globo, tendo em vista a aplicação dos modelos capitalista (Estados Unidos) e socialista (União Soviética).

De acordo com Hobsbawm (2009), certa instabilidade político-econômica foi alimentada, sobretudo pelos Estados Unidos, no chamado *Terceiro Mundo*, gerando uma espécie de estado de guerra permanente – mesmo quando o resto do mundo vivia uma pacífica fase pós-guerra. Já outros autores reforçam também a contribuição da União Soviética para a existência desse cenário.

Os primeiros movimentos da Guerra Fria na América Latina puderam ser notados a partir dos anos 1940, com a ação de variados movimentos por direitos e melhorias sociais, políticas e econômicas. Em muitos casos, tão cedo eles começaram a agir, os Estados Unidos passaram a financiar e coordenar ações das elites locais para enfraquecê-los. Porém, isso não foi suficiente para parar a onda de revoluções e movimentos que atingiria a América Latina e o Caribe nas décadas que se seguiram. Além da Revolução Cubana – estudada anteriormente –, ocorreram guerrilhas em El Salvador, problemas com o general **Omar Torrijos** (1929-1981) no Panamá e, em 1979, uma revolução na Nicarágua. Nos anos 1980, a pequenina ilha de Granada também entrou em um processo de revolução, o qual foi duramente combatido pelas forças norte-americanas do presidente **Ronald Reagan** (1911-2004).

Esses movimentos alcançaram certo sucesso em seus propósitos, algo que não ocorreu na década de 1960, quando vários movimentos sociais surgiram tão depressa quanto desapareceram devido ao isolamento ou à incompetência organizacional (Hobsbawm, 2009).

Notavelmente, parte da estratégia dos norte-americanos de desmobilização de movimentos sociais na América Latina passou pela manipulação de uma retórica baseada na lógica binária da Guerra Fria. Essa tarefa pareceu relativamente fácil em vários momentos, tendo em vista os temores da opinião pública dos Estados Unidos. Conforme aponta Hobsbawm (2009), essa reação norte-americana só pode ser compreendida dentro de um contexto mais amplo que entende a Guerra Fria como uma espécie peculiar de equilíbrio desigual de poder entre duas superpotências com características internas radicalmente distintas. A lógica binária por trás da disputa capitalismo *versus* comunismo baseava-se na ideia de que toda vez que um dos lados conflituosos perdia, o outro necessariamente ganhava.

Assim, quando essa série de pequenas rebeliões, revoluções e movimentos eclodiram na América Latina, os Estados Unidos sentiram-se, de alguma maneira, derrotados – ainda que tais acontecimentos e agitações nunca tenham sido relevantes se comparados ao poderio capitalista. Fato é que os Estados Unidos, durante esse tempo todo, investiram pesado no discurso anticomunista nos países da América Latina, fomentando um cenário de grande medo nesses locais (Purdy, 2010).

Todavia, é preciso destacarmos que a intervenção estrangeira na América Latina não se limitou à propaganda anticomunista. Ela também ocorreu de maneira mais direta, por meio de invasões, ocupações e apoio a golpes de Estado e regimes militares. É por isso que Purdy (2010) define a ação dos Estados Unidos da época como a de um *world cop* ("policial do mundo").

Um bom exemplo de intervenção direta ocorreu na ocupação militar da Guatemala, levada a cabo durante a gestão do presidente **Harry Truman** (1884-1972) – entre 1945 e 1953. Nessa época, a Guatemala viveu um episódio conhecido como *Revolução da Guatemala* (1944-1954), que tirou do poder o ditador Jorge Ubico (1878-1946) – aliado dos Estados Unidos –, substituindo-o por um governo popular. Desde o princípio, os norte-americanos se mostraram preocupados com um possível alinhamento da Guatemala à União Soviética e com prováveis prejuízos às companhias americanas que atuavam na região. A situação piorou quando, em 1952, a Guatemala aprovou o **Decreto 900**, que autorizava uma ampla reforma agrária no país. Além disso, o presidente **Jacobo Arbenz Guzmán** (1913-1971) propusera várias mudanças populares que entraram em choque com o monopólio que os norte-americanos tinham das terras locais.

Com finalidade de controlar o avanço desse governo popular e garantir o controle sobre as terras, os Estados Unidos usaram os serviços de uma de suas agências mais atuantes durante a Guerra Fria, a Central Intelligence Agency (CIA), para arquitetar e executar um golpe de Estado na Guatemala, participando diretamente, pela primeira vez, da instalação de uma ditadura militar na América Latina.

Com relação a outras intervenções, os Estados Unidos participaram dando apoio a governos que adotavam a agenda anticomunista, como os regimes militares das décadas de 1960 e 1970 – como estudaremos mais a fundo a seguir.

Outra forma de intervenção dos Estados Unidos na América Latina foi a que ocorreu a partir do envio de representantes de organizações que visavam ajudar no desenvolvimento dos países ditos periféricos. A chamada *Aliança para o Progresso* tinha como objetivo incentivar o crescimento desses países, enquanto os *Corpos de Paz* consistiam em uma organização que enviava jovens norte-americanos para missões em países necessitados em todo o mundo. Notavelmente, ambas as organizações tiveram papel fundamental na disseminação do ideário norte-americano.

Assim, percebe-se que os Estados Unidos se empenharam em montar uma elaborada máquina de publicidade, que ia desde programas de televisão até o envio de jovens para outros países, com o objetivo de disseminar o liberalismo, o livre mercado, o consumismo e a cultura de massas. Assim, eles garantiam o atrelamento desses países e mantinham sua área de influência bastante extensa (Purdy, 2010).

Um dos momentos de maior tensão durante o período de Guerra Fria na América Latina ocorreu, justamente, na pequena ilha de Cuba. Para compreender a dimensão desse evento histórico, você precisa ter em mente que, na época da Guerra Fria, o mundo olhava perplexo para a vitória de Castro e seus compatriotas. Dentro da ilha, a população comemorava, sentindo que a vitória do exército revolucionário era realmente o início de uma nova era, enquanto seu jovem líder carismático defendia a reforma agrária e demais propósitos revolucionários para multidões espantosamente atentas (Hobsbawm, 2009).

Findada a revolução popular, os norte-americanos se recusaram a reconhecer o governo de Castro, negando ajuda e propondo boicotes à ilha. Nesse contexto, o líder cubano colocou em prática um plano de nacionalização da economia – até então amplamente controlada pelos Estados Unidos. Assim, Castro colocou Cuba lado a lado com os propósitos da União Soviética, estabelecendo inúmeros acordos com os russos.

Contudo, ao contrário do que se pode pensar "durante várias décadas, a União Soviética adotou uma visão essencialmente pragmática de sua relação com os movimentos revolucionários, radicais e de libertação do Terceiro Mundo" (Hobsbawm, 2009, p. 423). O comportamento dos soviéticos teve um efeito bastante específico na maioria dos movimentos revolucionários na América Latina na década de 1960. Sem apoio nem base, a maioria deles escolheu estratégias de ação absolutamente equivocadas e desapareceram tão rápido quanto surgiram – com exceção apenas daqueles localizados na Colômbia e na América Central.

Além disso, os líderes cubanos também não tinham propósitos revolucionários internacionalistas – pelo menos não no início de seu processo. De acordo com Hobsbawm (2009), foi o contexto que impeliu Fidel Castro e seus companheiros a se aliarem à União Soviética. Nas palavras do historiador:

> tudo empurrava o movimento fidelista na direção do comunismo, desde a ideologia social-revolucionária daqueles que tinham probabilidade de fazer insurreições armadas de guerrilha até o anticomunismo apaixonado dos Estados Unidos na década de 1950 do senador McCarthy, que automaticamente inclinava os rebeldes latinos anti-imperialistas a olhar Marx com mais bondade. (Hobsbawm, 2009, p. 427-428)

A represália dos Estados Unidos não demorou a vir. O então presidente **Dwight D. Eisenhower** (1890-1969) decretou um embargo parcial de produtos cubanos e rompeu relações diplomáticas, causando efeitos devastadores na economia da ilha (Purdy, 2010). Nesse contexto, a aproximação da União Soviética parecia ser a única saída, o que tornou Cuba dependente dessa superpotência (Hobsbawm, 2009).

Diante dessas ameaças, Castro utilizou as aparições públicas dentro e fora de Cuba para defender os ideais revolucionários e denunciar as atividades dos norte-americanos. Com discursos emblemáticos, Castro conclamava os cubanos à unidade recordando os grandes nomes do passado, das lutas por independência.

> [O povo cubano] Viu aqueles homens com seus sacrifícios, com aqueles sacrifícios que nós também temos conhecido de perto. Pensava em seus sonhos e ilusões, que eram sonhos e ilusões nossas, e eu pensei que esta geração cubana tem que pagar, e já pagou o tributo mais fervoroso de reconhecimento e lealdade para com os heróis de nossa independência. Os homens que caíram em nossas três guerras de independência juntam hoje o seu esforço com os homens que caíram nesta guerra; e a todos os nossos mortos na luta pela liberdade, podemos dizer que, finalmente, chegou o momento em que seus sonhos se tornam realidade. (Cuba, 1959, tradução nossa)

Purdy (2010) aponta que Cuba e Vietnã figuravam no cenário mundial como grandes exemplos de luta contra o imperialismo, assinalando que até mesmo os Estados Unidos apresentavam vulnerabilidades. Assim, por mais que os norte-americanos mantivessem o controle sobre a maioria dos países em suas áreas de influência, esses dois exemplos evidenciaram a possibilidade de ruptura.

É nesse contexto de tensões que, em 1961, aviões-caça dos Estados Unidos, fazendo voos rotineiros sobre o espaço aéreo cubano, descobriram várias bases de mísseis nucleares soviéticos na ilha em um episódio que ficou conhecido como **Crise dos Mísseis de Cuba**.

Prontamente, os norte-americanos iniciaram um bloqueio marítimo à Cuba conhecido como *quarentena*. Sobre esse fato, os principais líderes revolucionários, Guevara e Castro, faziam-se ouvir pelo mundo em assembleias e visitas diplomáticas. Em um histórico discurso diante da Assembleia Geral da Organização das Nações Unidas (ONU), em dezembro de 1964 – apenas dois meses após o incidente com os mísseis –, Guevara afirmou que:

> *Como é bem conhecido de todos após a tremenda comoção chamada crise do Caribe, os Estados Unidos contraíram com a União Soviética determinados compromissos que culminaram com a retirada de certos tipos de armas que a contínua agressão desse país como o ataque mercenário em Playa Girón e as ameaças de invadir nosso país nos obrigaram a implantar em Cuba.*
>
> *Em ato de legítima e inalienável defesa pretenderam os norte-americanos e as Nações Unidas também inspecionar nosso território ao que nos recusamos enfaticamente desde que Cuba não reconhece o direito dos Estados Unidos ou qualquer um no mundo de determinar que tipos de armas que se possa ter dentro de suas fronteiras. Neste sentido, acatamos apenas os acordos multilaterais com obrigações iguais para todas as partes.* (Unesco, 2012, tradução nossa)

Fica claro no discurso do líder cubano que o imperialismo era o grande causador de toda a instabilidade da ilha. Essa luta anti-imperialista seria seu maior legado e, combinado às ideias advindas da Revolução Cubana e de Fidel Castro, bem como às concepções de outros movimentos revolucionários e líderes latino-americanos, fonte de inspiração para jovens de todo o continente.

Uma vez determinada a quarentena cubana, seguiram-se meses de intenso temor pela destruição geral do planeta, situação que acabou parcialmente solucionada com uma série de acordos entre União Soviética e Estados Unidos ainda em 1962. Contudo, o desfecho pacífico da disputa armamentista em Cuba, somado à onda de descolonização da África, levou ao estabelecimento de um cenário de relativa calma, em que as duas superpotências retrocederam nas políticas externas mais contraditórias. Nas décadas de 1960 e 1970, houve até mesmo acordos para limitar a produção e o comércio de armas nucleares (Hobsbawm, 2009).

No entanto, como você deve se recordar, as relações diplomáticas entre norte-americanos e cubanos continuaram rompidas e o boicote econômico não cessou com o passar dos anos. Somente muito recentemente, em março de 2016, é que o então presidente **Barack Obama** (1961-) resolveu reatar as relações com a ilha. Contudo, o embargo ainda é uma realidade que só pode ser revertida com uma decisão do Congresso dos Estados Unidos.

Os efeitos dessa influência foram os mais variados, mas Hobsbawm (2009) chama a atenção para o aparecimento do **Sendero Luminoso** – movimento insurgente peruano que buscava inspiração na China comunista de **Mao Tsé-Tung** (1893-1976) – e "o surgimento de padres católico-marxistas, que apoiavam, e mesmo participavam e lideravam, insurreições" (Hobsbawm, 2009, p. 438). Assim, apontou-se para uma permanência das velhas ideologias e concepções de libertação e luta anti-imperialista na América Latina durante o período de Guerra Fria, uma vez que ainda nos anos 1980 sua influência era sentida nos mais diferentes movimentos e levantes.

(5.5)
GOLPES MILITARES NO CONE SUL

Como visto até aqui, durante o período de Guerra Fria, os Estados Unidos apoiaram regimes civis-militares por toda a América Latina com a finalidade de manter o continente sob influência do bloco capitalista.

No Cone Sul, mais especificamente, golpes militares foram fomentados e apoiados por agentes do governo dos Estados Unidos. Ademais, a construção da ideia de *perigo vermelho* foi fundamental para legitimar os regimes na América do Sul. Portanto, além do apoio formal e informal, toda a retórica norte-americana foi adotada pelos militares sul-americanos.

O primeiro golpe militar desferido no Cone Sul ocorreu no Paraguai, em 1954, quando o general **Alfredo Stroessner** (1954-1989) iniciou uma ditadura que durou 35 anos – a mais longa entre as sul-americanas. Isso foi possível porque, em 1935, os paraguaios haviam saídos vitoriosos de um conflito de quatro anos contra os vizinhos bolivianos – a **Guerra do Chaco** (1932-1935) –, o que tinha dado grande notabilidade ao exército, que saiu fortalecido. Nesse contexto, os militares gozavam de grande prestígio social e cada vez mais encontravam respaldo para incursões na política. Menos de 20 anos mais tarde, essa crescente importância social culminou em um golpe de Estado que chegou até mesmo a criar eleições forjadas, com apenas o partido conservador e de direita – o **Partido Colorado** – sendo elegível. Ao final das "eleições", Stroessner havia recebido, supostamente, 99% dos votos.

No Brasil, o golpe orquestrado pelas forças armadas foi posto em prática em 1964 – sendo a ditadura civil-militar brasileira, portanto, uma das mais antigas do Cone Sul, perdendo apenas para a ditadura paraguaia.

Para Hobsbawm (2009), essa ação foi posta em prática por militares e por uma elite que se interessava pela abertura econômica e influência norte-americana no país.

Contra essas ideias, estavam grupos de oposição ao regime militar. Em sua maioria, esses grupos eram legatários do populismo de Getúlio Vargas. No início dos anos 1960, essas pessoas migraram para a esquerda, demandando reforma agrária, democratização e autonomia com relação aos Estados Unidos.

No Chile, o golpe foi desferido contra a chamada *Frente Popular*: uma coalizão de organizações de esquerda que levou à presidência o líder socialista **Salvador Allende** (1909-1973), eleito democraticamente em 1970. Esse governo durou apenas três anos, pois um golpe orquestrado pelos norte-americanos matou Allende, estabelecendo em seu lugar um regime militar considerado ultraliberal, extremamente sangrento e opressivo. A ditadura militar chilena durou até 1990 e foi chefiada pelo General **Augusto Pinochet** (1915-2006) – homem de confiança do governo norte-americano.

No caso do Uruguai, os militares utilizaram tanto a ação das guerrilhas urbanas locais quanto o surgimento de uma frente política popular denominada *Ampla Esquerda* para justificar a tomada do poder em 1972. Nessa época, o Uruguai era, de acordo com Hobsbawm (2009, p. 430), o "único país sul-americano que podia ser descrito como uma verdadeira democracia duradoura". Contudo, o poder só voltaria às mãos dos civis uruguaios em 1985.

Na Argentina, o golpe ocorreu em 1966, quando o General **Juan Carlos Onganía** (1914-1995) comandou um levante bem-sucedido. Depois dele, três outros ditadores deram continuidade ao regime ditatorial argentino até 1973. Nesse ano, a pressão popular conseguiu forçar a convocação de eleições presidenciais. O presidente eleito foi novamente Perón, contudo, a instabilidade política ainda era muito grande. Três anos mais tarde, em 1976, um novo golpe colocou novamente os militares à frente da Argentina. Por 17 anos, os argentinos viveram uma ditadura sangrenta levada a cabo por quatro juntas militares, realidade que só se abalaria definitivamente nos anos 1980. A invasão das Ilhas Malvinas e a derrota dos argentinos, somadas à grande insatisfação popular, levou à queda da última junta militar.

Síntese

Neste capítulo, pudemos apontar que os nacionalismos latino-americanos surgiram após a Crise de 1929, tendo em vista uma renovação do cenário socioeconômico e a busca por identidade. Entre suas principais características estão a criação da figura de um inimigo externo, valorização do que era nacional, patriótico e do campo, resgate da história indígena ou tradição ibérica, procura pela formação de uma identidade nacional, culto à imagem do líder e rejeição da democracia e do mercado financeiro internacional. A essas características se soma a influência do conservadorismo, do catolicismo e do pensamento anti-imperialista.

Em seguida, explicamos por que o nacionalismo geralmente é confundido com o populismo, e por que este último foi a experiência política coletiva mais importante de vários países latino-americanos desde a queda de suas respectivas oligarquias. Respeitando o desenvolvimento e as particularidades de cada região, o surgimento do populismo esteve sempre relacionado a mudanças nas relações de produção – sejam elas socioeconômicas, sejam elas políticas.

No caso da América Latina, essas transformações foram tributárias de três grandes eventos que marcaram a história contemporânea: a Primeira Guerra Mundial, a quebra da bolsa de Nova York em 1929 e a Segunda Guerra Mundial. Foi, portanto, nesses tempos de rápidas e profundas mudanças que o populismo achou espaço para se tornar um dos fenômenos mais importantes da história recente latino-americana.

Pudemos demonstrar que, em alguns locais como Argentina, Brasil e México, o populismo foi extremamente poderoso. As forças internas e externas movidas pelas duas guerras mundiais e a crise 1929 criaram rupturas econômicas e políticas que, de acordo com Ianni, provocaram "o enfraquecimento e o colapso das oligarquias, junto com a eclosão de movimentos de massa, partidos políticos ou governos populistas" (Ianni, 1991, p. 151). Isso nos permitiu perceber que, no contexto de um governo populista, existe um rearranjo de forças, uma mudança na relação entre as camadas trabalhadoras – sobretudo urbanas – e o governo. Sendo assim, podemos afirmar que o populismo é uma fase pela qual passa o Estado capitalista latino-americano em transformação, caracterizada pela perda do monopólio do poder político que antes estava nas mãos de oligarquias locais.

Porém, conforme indicamos ao longo do capítulo, isso não significa que todas as estruturas oligárquicas subitamente desapareceram. A América Latina viveu por centenas de anos sob domínio das mesmas oligarquias – que, por sua vez, criaram um aparato de Estado difícil de ser superado ou abandonado rapidamente. É precisamente por esse motivo que Ianni (1991) afirma que o populismo latino-americano sempre conteve elementos oligárquicos.

Em nossos estudos, também analisamos que, se o populismo foi uma luta dos trabalhadores urbanos por cidadania e participação política efetiva, por outro lado, os governos populistas entendiam que o indicador ideal de bem-estar da massa de trabalhadores era o nível de industrialização do país. Assim, foi determinado que a indústria deveria ter prioridade, até mesmo sobre a agricultura – o que caracteriza ainda mais esse fenômeno tipicamente urbano.

Além disso, o populismo rejeitou – ao menos teoricamente – o neoliberalismo, a intervenção estrangeira e a manutenção do poder dos oligarcas. Conforme estudamos, o populismo preza por uma política intervencionista do Estado. Além disso, uma política "policlassista" também foi adotada, levando à diminuição das contradições de classe a partir da industrialização e, em alguns países, da reforma agrária (Ianni, 1991, p. 153-160). Adicione a esse cenário a figura de líderes carismáticos que tomam o povo como um todo homogêneo, uma referência.

Essa característica do populismo latino-americano nos levou a avaliar outra: a prioridade dada aos investimentos internos. Os populistas acreditavam que era necessário se emancipar da dependência de manufaturas se o objetivo era realmente se tornar independente – algo que não seria possível se os países continuassem investindo apenas no setor agrícola e minerador e não na substituição de importações. É precisamente nesse ponto que pudemos destacar um elo entre o nacionalismo crescente na América Latina e o surgimento do fenômeno populista como uma espécie de compromisso de desenvolvimento do capitalismo nacional (Ianni, 1991).

Na sequência, verificamos que o pensamento anti-imperialista, assim como o nacionalismo e o populismo, surgiu em um contexto de rápidas e profundas mudanças trazidas pelas grandes guerras e pela crise de 1929. Conforme pudemos verificar, o sentimento nacional foi exacerbado pela inabilidade das diferentes elites dos países latinos de lidar com o gerenciamento de suas economias sem depender do capital estrangeiro.

Para tornar mais claro esse contexto de disputas, na seção seguinte explicamos o que foi a Guerra Fria e de que maneira essa disputa atingiu a América Latina. Esse período foi marcado por um grande temor, seja pelo medo de um novo conflito mundial, seja pela dominação unilateral das potências envolvidas nos demais países. Com um discurso binário e máquinas de propaganda elaboradas, a União Soviética e os Estados Unidos se digladiaram no campo diplomático, colocando o mundo em alerta. Como pudemos demonstrar, as consequências foram profundas e marcaram a história para sempre, especialmente na América Latina.

Para finalizar, discorremos sobre as consequências da intervenção dos Estados Unidos, em decorrência da Guerra Fria, no Cone Sul, que resultou no estabelecimento de diversas ditaduras militares como forma de política anticomunista.

Atividades de autoavaliação

1. Entre 1930 e 1955, a América Latina presenciou diversos movimentos nacionalistas, sendo o hispanista uma de suas facetas mais populares. Esse tipo específico de nacionalismo teve grande número de adeptos em diversos países latino-americanos que passaram por períodos de mudanças, advindas das duas guerras mundiais, da Revolução Russa de 1917 e ainda da Crise de 1929.

   Sobre as características do movimento hispanista, é correto afirmar:

a) Foi denominado *agressivo* por Devés-Valdés, pois propunha a revolução armada das camadas populares contra as elites oligárquicas.
b) Rejeitava qualquer conceito vindo da burguesia moderna e sugeria o retorno à economia colonial, tida como único modelo viável.
c) Propunha um modelo de sociedade no qual se valorizava a imagem de um líder forte que rechaça o poder das antigas oligarquias e reafirma concepções nacionalistas conservadoras.
d) Valorizava os elementos patrióticos, rechaçando os sentimentos religiosos e espiritualistas, o que influenciou sua popularidade nas camadas jovens da sociedade.

2. As primeiras décadas do século XX vivenciaram a emergência de diversos movimentos nacionalistas na América Latina, tais como o integralismo brasileiro, o conservadorismo chileno e argentino e o hispanismo peruano. São características comuns desses processos latino-americanos:

I) A criação de um inimigo externo e a valorização da população do campo, da história indígena e da tradição ibérica.
II) A valorização do modelo político-econômico liberal e de pouca intervenção estatal nos planejamentos econômicos.
III) A propagação de ideais anti-imperialistas e de soberania nacional e a crítica aos elementos do catolicismo e de fundamentação religiosa.
IV) A construção de uma identidade calcada na independência e na valorização do que era nacional.

Assinale a alternativa correta:

a) Somente as alternativas I e IV estão corretas.
b) Somente as alternativas I e III estão corretas.
c) Somente as alternativas III e IV estão corretas.
d) Somente as alternativas II e IV estão corretas.

3. Sobre os movimentos populistas da América Latina, é **incorreto** afirmar:

   a) Surgiram em um momento transitório, de desagregação do Estado oligárquico e surgimento do Estado burguês.
   b) Com exceção da Revolução Mexicana, a maioria das transformações propostas não envolviam diretamente a comunidade civil.
   c) Foram impulsionados pelo desenvolvimento das relações de produção capitalista, bem como pela diversificação das atividades produtoras, que não se restringiam aos gêneros alimentícios e matéria-prima.
   d) Surgiu como uma ferramenta para organizar e gerir os conflitos, relações e contradições de classe em um contexto de desarticulação econômica mundial.

4. A América Latina viu emergir no século XX três movimentos populistas muito específicos, que alteraram significativamente as estruturas socioeconômicas dos países onde eles ocorreram: o varguismo, no Brasil; o peronismo, na Argentina; e o cardenismo, no México.

   Sobre as similitudes entre os três movimentos, é correto afirmar:

a) Tanto no Brasil quanto na Argentina e no México, a burguesia empreendeu e apoiou projetos de desenvolvimento econômico.
b) Realizaram mudanças de ordem político-econômica que alteraram o fluxo de capitais nacionais, internacionais e até mesmo as relações de produção dentro dessas sociedades.
c) Buscando ampliar a autonomia econômica de seus países, os governos populistas passaram a proibir investimentos internacionais, fato que os levou a serem considerados nacionalistas.
d) Foram os únicos movimentos populistas da América Latina, pois as tentativas de implantação em outros países foram fortemente reprimidas.

5. Todas as opções a seguir constituem estratégias norte-americanas utilizadas na América Latina durante a Guerra Fria, **exceto:**
a) Realização de mudanças de ordem político-econômica, mas que pouco alteravam o fluxo de capitais nacionais e as relações de produção dentro dessas sociedades.
b) Investimento na propagação de um discurso anticomunista nos países da América Latina, fomentando um cenário de grande medo nessas regiões.
c) Prática da intervenção direta por meio de ocupações militares, como na Guatemala, e apoio aos golpes de Estado e regimes militares.
d) Envio de representantes de organizações humanitárias para países latinos, buscando disseminar ideias do liberalismo e do livre mercado.

Atividades de aprendizagem

Questões para reflexão

1. Com base nas leituras deste capítulo, bem como no seu conhecimento sobre o assunto, responda: Que fatores propiciaram o surgimento de movimentos populistas na América Latina?

2. Elabore um pequeno ensaio sobre a seguinte questão: Que estratégias foram utilizadas pelos Estados Unidos para promover uma política intervencionista na América Latina durante o período de Guerra Fria? Cite exemplos.

Atividade aplicada: prática

1. Elabore um plano de ensino sobre a Revolução Cubana, enfatizando a influência da Guerra Fria na sociedade cubana, as relações com os Estados Unidos e a perpetuação da memória revolucionária.

Capítulo 6
Ditaduras, redemocratização e globalização na América Latina

Neste capítulo final, detemo-nos, mais especificamente, no tema das ditaduras no Cone Sul, nos processos de redemocratização e nos efeitos da globalização na América Latina.

Para iniciar, abordamos aspectos relativos às ditaduras militares do Paraguai, do Brasil, do Chile, do Uruguai e da Argentina, como a instalação dos regimes e a criação de amplos programas de perseguição e repressão a militantes contrários ao regime. Nesse sentido, também tratamos da resistência de grupos de esquerda, expressa principalmente na arte engajada.

Em seguida, discorremos sobre a questão da redemocratização e a memória da ditadura, estudando as comissões da verdade e sua atuação no sentido de resgatar a história das vítimas dos regimes militares.

Por fim, debruçamo-nos sobre nosso próprio tempo, estudando a América Latina na era da globalização. No tocante a esse tema, é preciso ter em mente que, desde o final dos anos 1970, o mundo vive um intenso processo de integração das relações econômicas e políticas entre os países. Esse processo levou o capital a atingir o mais alto grau de internacionalismo, transmutando-se em capital financeiro.

Quando se fala de globalização na América Latina, é impossível não considerar as políticas econômicas de capital financeiro, motivo pelo qual abordamos o avanço neoliberal nos países latino-americanos a partir de 1980 e seus efeitos sobre as frágeis democracias latinas.

(6.1)
As ditaduras militares no Cone Sul

No capítulo anterior, explicamos como a intervenção dos Estados Unidos motivou o estabelecimento dos regimes militares no Cone Sul da América. Assim, nossa discussão começa pelo país que viveu o mais longo de todos os regimes: o Paraguai.

Em 1954, iniciou-se a ditadura de **Alfredo Stroessner** (1954-1989), cujas forças vinham tentando tomar o governo desde o fim da década de 1940. Para que Stroessner se mantivesse no poder até 1989, foram cruciais os apoios dos Estados Unidos, das oligarquias ligadas à terra e dos militares brasileiros. Com relação a estes últimos, o suporte dado a Stroessner foi tão intenso que ele chegou a se esconder um bom tempo no Brasil após uma primeira tentativa frustrada de golpe militar em 1948.

Foi, portanto, de terras brasileiras que Stroessner observou o governo paraguaio aumentar o contingente policial e armá-lo pesadamente. Em 1954, o cenário de grande confusão política, principalmente devido à deposição do presidente, tornou-se perfeito para que o general cruzasse a fronteira com sua artilharia.

Porém, ainda não era certo que seriam os militares a assumir o controle do Estado paraguaio. Enquanto as forças de Stroessner moviam-se para o Paraguai, um presidente interino assumiu. A maior dúvida era, naturalmente, quem assumiria a presidência. Nesse cenário, ao lado de Stroessner, outro nome ganhou visibilidade: **Epifanio Méndez Fleitas** (1917-1985), famoso músico, escritor e ex-presidente do Banco Central paraguaio.

O interino, **Tomás Romero Pereira** (1886-1982), era proveniente do **Partido Colorado** – a mais poderosa das organizações políticas da época. Tamanha era sua influência que a solução para o comando do país passou por uma manobra desse partido, que consistia em colocar Stroessner na presidência e Méndez Fleitas a cargo do Banco Central paraguaio. O problema era que o partido de Fleitas e outras agremiações políticas não concordavam com essa decisão, enquanto Stroessner buscava a todo custo consolidar seu governo como mais do que uma solução temporária (Lewis, 2002).

Para se manter no poder durante os 35 anos, o general paralisou os opositores do regime por meio de uma política de Estado repressiva, autoritária e extremamente violenta, aliada a um forte discurso ideológico nacionalista e de segurança nacional – traço comum também aos outros regimes militares sul-americanos.

Desde o princípio, Stroessner demonstrou que seu governo seria marcado pela repressão. Centenas estavam presos quando o general tentou a reeleição – competindo sozinho – em 1958. Com o passar dos anos, esse caráter repressivo do Estado se alargou. As perseguições a grupos de jovens (especialmente aqueles organizados com a finalidade de causar alguma comoção social entre o campesinato) só aumentou, assim como o número de torturados e executados. Conforme aponta Lewis (2002, p. 204, tradução nossa),

> A estratégia dos guerrilheiros fracassou porque os campesinos se negaram a cooperar e também porque o exército – bem preparado, bem disciplinado e convencido de estar salvando o Paraguai do comunismo – reprimiu todas as incursões com uma sinistra eficiência".

Apesar disso, os movimentos de resistência **14 de Mayo** e **Frente Unida de Liberación Nacional (Fulna)** foram bastante importantes no país (Silva; Penna Filho, 2009).

Apesar de não ser um tema tão recorrente na historiografia brasileira, o estudo da ditadura paraguaia se faz extremamente importante atualmente, pois ele é fundamental para que compreendamos os últimos acontecimentos no país, sobretudo aqueles envolvendo a deposição do então presidente **Fernando Lugo** (1951-) em 2012.

No Brasil, tão cedo chegaram ao poder, os militares utilizaram as pequenas e quase inofensivas guerrilhas do final dos anos 1960 para justificar as atrocidades de um regime extremamente repressivo e violento (Hobsbawm, 2009). Os números apontam que mais de

400 pessoas foram mortas pelo regime militar brasileiro, porém esses indicativos não são absolutos (Brasil, 2014).

Chamamos a atenção aqui para o fato de que a partir de 1974 os militares brasileiros assumiram uma postura dúbia. Ao mesmo tempo que **Ernesto Geisel** (1907-1979) anunciava o início de um processo de abertura do regime, o envolvimento do Brasil na chamada *Operação Condor*[1] se acentuava. De acordo com Quadrat (2002, p. 180),

> o anúncio da abertura, ainda que de forma gradual e segura, provocou a revolta dos grupos da comunidade de informação e repressão que deram início a uma série de atentados visando desestabilizar o processo de transição alardeando que o "perigo comunista" ainda estava presente no interior do país.

A reação de Geisel foi recrudescer a vigilância sobre quem produzia e divulgava notícias, mantendo o aparato da repressão e da censura em funcionamento enquanto angariava respaldo popular.

De outro lado, a sociedade civil se mobilizava pela redemocratização. Nesse cenário, chamamos a atenção para o assassinato do jornalista, militante de esquerda, dramaturgo e professor **Vladimir Herzog** (1937-1975). Esse evento, ocorrido em 1975, fomentou ainda mais a onda de greves e mobilizações pelo retorno ao Estado democrático de direito. O efeito direto dessas mobilizações foi o agravamento do controle de Geisel sobre a informação.

O sucessor de Geisel, **João Figueiredo** (1918-1999), também não desmontou o aparelho de controle da informação e repressão – ele só seria desativado por completo na gestão de **Fernando Collor de Melo** (1949-), em 1990, quando o então presidente fechou o Serviço Nacional de Informações (SNI).

---

1   Nome dado à aliança entre os regimes militares brasileiro, chileno, boliviano, argentino, paraguaio e uruguaio.

> O Brasil integrou a Operação Condor concomitantemente a um processo de redemocratização lento e que manteve o controle das informações, reprimindo grupos considerados subversivos (Quadrat, 2002).

Durante todo o período ditatorial, a resistência ocorreu a partir de mobilizações populares e intervenções organizadas. As diferentes frentes de luta contra o regime encontraram expoentes de inúmeras áreas do conhecimento. Em um contexto de repressão como o vivido no Brasil, muitas dessas pessoas, assim como outros líderes e militantes políticos, foram perseguidos pelos agentes da ditadura – o que os obrigou, em muitos casos, a buscar refúgio fora do país.

Contudo, muito foi produzido no campo artístico nessa época. Um bom exemplo é a canção "Apesar de você" (1970), de Chico Buarque, na qual o artista critica o Estado. Porém, não foi apenas na música que ocorreu a resistência e a crítica ao regime ditatorial. Artistas dos mais variados campos – como dramaturgos e literatos – e intelectuais usaram suas obras como forma de denúncia dos horrores da ditadura.

Enquanto isso, nossos vizinhos argentinos também sofreram um golpe militar que levou à instalação de uma ditadura comandada desde 1976 a 1983 pelo general **Jorge Rafael Videla** (1925-2013)[2]. Tão cedo chegou ao poder, Videla colocou oficiais do exército, da marinha e da aeronáutica em todos os postos governamentais. Assim, uma junta militar começou a governar a Argentina, com destacada ação do almirante Emilio Massera (1925-2010).

Um dos primeiros planos colocados em ação por essa junta foi o chamado *Processo de Reorganização Nacional*, amplamente

---

2 *A ditadura militar na Argentina é tema de muitas obras fílmicas, musicais, historiográficas, literárias, entre outras. Uma boa sugestão é o célebre romance* Respiração artificial, *de Ricardo Piglia (1941-). Nesse aclamado romance, Piglia nos dá um panorama geral da ditadura por meio da documentação epistolar.*

divulgado como um grande projeto anticomunista, anticorrupção e de recuperação econômica rápida. Contudo, salienta-se que "por trás desses *slogans* havia uma intenção ambiciosa: transformar as bases da sociedade argentina que, de acordo com os militares, haviam gerado os males aos quais se dispunham a combater" (Riz; Torre, 1991, p. 127, tradução nossa).

O que se seguiu foi comum às ditaduras sul-americanas: organizações sociais e políticas postas na ilegalidade e líderes sindicais e dos movimentos sociais perseguidos, presos, torturados e mortos. Sobre esse tema, é importante pontuar que:

> *Ainda que o objetivo dos militares tenha sido acabar com a subversão, sua ação repressiva esteve longe de se limitar aos guerrilheiros. [...] Assim, como inimigo se incluiu toda classe de dissidentes: junto com os guerrilheiros e o círculo que os apoiava, provendo-os com refúgio e alimentação, também estavam sob a mira da repressão políticos, sindicalistas, intelectuais.* (Riz; Torre, 1991, p. 127, tradução nossa)

A retórica anticomunista foi amplamente utilizada e, de acordo Quadrat (2002, p. 174), Videla "não apresentou nenhum canal de negociação com a sociedade civil, optando pelo extermínio em massa". De fato, como apontado por alguns historiadores, Videla proclamava ser o detentor de uma missão divina – o que justificaria seus propósitos assassinos.

Mesmo quatro décadas após o golpe, o número de mortos e desaparecidos da ditadura argentina ainda são imprecisos. Isso porque o governo fez amplo uso de instalações de tortura e assassinato clandestinas. As três forças policiais agiam em conjunto, sequestrando, interrogando e matando, tudo isso com uma organização altamente descentralizada que dificultava denúncias e investigações. Contudo, de acordo com a Comisión Nacional sobre la Desaparición de Personas – Conadep (2014), o número de civis mortos chega a 30 mil. O número de infantes sequestrados é igualmente assustador: cerca de 500 bebês desapareceram na Argentina. Isso faz desse regime o mais sanguinário da América do Sul.

O auge da repressão ocorreu entre 1976 e 1979. Se inicialmente havia grande resistência ao golpe (nos primeiros meses do governo de Videla, o esforço guerrilheiro rendeu diversos atos de terrorismo), logo o número alarmante de mortos e desaparecidos minou com boa parte das forças contrárias ao regime. Os militantes e guerrilheiros, apáticos diante da violência desmedida do regime, não apresentavam grande resistência às brutais táticas de tortura. A delação também destruiu as poucas ações de uma resistência desesperada (Riz; Torre, 1991).

Além disso, o impacto econômico da ditadura e da adoção do neoliberalismo na Argentina foi tão devastador quanto o sistema sociopolítico. Do ponto de vista da economia argentina, o regime militar de Videla foi um absoluto desastre.

O panorama geral era de um Estado que havia se convertido em verdadeiro cabide de empregos (o que era contraditório, considerando a adoção de práticas neoliberais no país), de grande abertura ao capital estrangeiro, de aumento da dívida externa e pública do país e dos problemas fiscais – muitas vezes, relacionados à erosão econômica causada pelo capital financeiro. Além disso, a ditadura argentina criou um desequilíbrio enorme nas contas públicas por conta de uma corrida armamentista contra o Chile – com quem disputava territórios. Como você pode imaginar, o reflexo social mais imediato dessa política econômica foi a progressiva pauperização da população argentina.

No Chile, desde os primeiros anos da ditadura, a repressão não foi diferente. Tão cedo o General Pinochet chegou ao poder, em 1973, foi posto em prática um plano de governo que combinava uma economia monetarista com elementos do autoritarismo. O resultado foi o retorno a um governo sem forças diante das oscilações do mercado internacional, dependente das exportações de cobre, endividado, com uma agricultura pouco rentável e baixíssimos índices de diversificação econômica.

Notavelmente, isso deu fim a um longo período de intervenção estatal na economia chilena. Inicialmente, parecia que o plano de Pinochet teria resultados satisfatórios, visto que, conforme aponta Angell (2002), nos últimos anos da década de 1970 o Chile experimentou alguma recuperação econômica. Contudo, isso ocorreu, sobretudo, devido a um momento favorável do mercado exterior e seu custo social foi incomensurável (Angell, 2002).

Além disso, centenas de pessoas foram perseguidas, sequestradas, torturadas e assassinadas em nome de uma suposta manutenção da ordem. O Estádio Nacional, em Santiago, virou campo de fuzilamento.

> Durante as ditaduras, os países latino-americanos sofreram grande interferência estrangeira, sobretudo em suas políticas econômicas. No Chile, esse processo foi particularmente forte e amplo.

Entre os países analisados nesta seção, o Chile foi o que mais sofreu com a presença norte-americana. Notavelmente, a economia chilena já dependia economicamente dos Estados Unidos desde antes do golpe militar. Conforme aponta Angell (2002), ainda na época de Allende, quase todos os créditos que circulavam no Chile eram provenientes dos Estados Unidos – seu maior credor –, ao passo que 40% de todas as importações chilenas vinham dos norte-americanos.

A ajuda e a influência norte-americana não se limitaram à esfera econômica. Os militares receberam muitos investimentos e trabalharam em consonância com as forças dos Estados Unidos no ataque à

La Moneda³, no qual Allende foi deposto e morto, e na condução de Pinochet ao poder (Angell, 2002). Pinochet era o homem de confiança dos norte-americanos e coordenou no Chile um processo de instalação do neoliberalismo sem precedentes no Cone Sul, jamais visto antes no Cone Sul. Por esse motivo, Hobsbawm (2009, p. 430) afirma que o regime Pinochet demonstrou que "o liberalismo político e a democracia não são parceiros naturais do liberalismo econômico". Contudo, é muito importante que você tenha em mente que, apesar de colocar-se como um governo ausente dos assuntos econômicos, a administração de Pinochet não deixou a economia apenas à mercê das forças do mercado. Conforme aponta Angell (2002, p. 259, tradução nossa),

> Não obstante, estando parte considerável da atividade econômica no controle do Estado, as oito principais empresas do Chile em 1980 seguiam nas mãos do Estado, ainda que se esperasse delas que atuassem com empresas privadas, e o governo assumiu grande parte do sistema financeiro durante a recessão de 1982-1983.

Não queremos dizer com isso que o governo chileno controlava a economia indiscriminadamente. Havia, evidentemente, alguns limites, tais como a vulnerabilidade da economia chilena no exterior, a instabilidade nas exportações, a flutuação da inflação e a dependência das importações (Angell, 2002).

Como nos outros casos estudados, a resistência chilena ao regime militar e suas políticas sociais e econômicas foi grande. Diversos civis, como jovens, militantes, personalidades, intelectuais, artistas e literatos, lutaram contra a ditadura e em prol da redemocratização ao longo de 17 anos de regime militar.

---

3 Sede presidencial do Chile.

Para além da resistência contra a crueldade e os ataques sistemáticos aos direitos humanos perpetuados pelos agentes da ditadura chilena, cresceu também uma grande resistência ao plano econômico de Pinochet. De maneira geral, a população chilena vinha – desde pelo menos o final da década de 1970 – sofrendo com sistemáticas recessões. Essas crises paulatinamente minaram o apoio que a ditadura chilena recebia da ampla classe média chilena, que passou a ter um senso mais apurado de que a economia do país ia de mal a pior.

A oposição ao regime militar crescia em tamanho e organização. Enquanto isso, Pinochet se defendia mascarando resultados e propagando uma "recuperação econômica" que se baseou tão somente em um massivo endividamento externo no final dos anos 1970 e início da década de 1980. Porém, não era possível esconder a instabilidade e as altas taxas de inflação. Nesse contexto, a ação dos agentes opositores do governo ditatorial conduziu uma expressiva vitória pela saída de Pinochet no plesbicito realizado em fins de 1988 (Angell, 2002).[4]

No Uruguai, os militares chegaram ao poder efetivamente em 1973, após um processo que terminou com uma declaração de estado de guerra interna. Contudo, por muito tempo o Uruguai não apresentou uma elite militar intervencionista coesa – como aquela verificada em outros países sul-americanos que passaram por processos semelhantes. Em outras palavras, demorou para que surgisse um grupo de militares que realmente tivesse interesse na política uruguaia.

---

4   *Uma boa indicação no estudo desse tema é o filme* No, *de Pablo Larraín (IMOVISION CHILE – EUA, 2012). A trama se passa nos últimos meses da ditadura de Pinochet e trabalha com a questão das propagandas governamentais na época do plebiscito que decidiu pela saída do ditador. (NO. Direção: Pablo Larraín. Chile/França/EUA: Imovision, 2012)*

Essa particularidade do contexto uruguaio se evidencia quando paramos para analisar os golpes desferidos no Uruguai nas primeiras décadas do século XX, em que os militares tiveram pouca ou nenhuma participação. As atenções dessa camada social estavam voltadas para a burocracia do exército e do Estado (Angell, 2002). Diante dessas constatações, como foi possível os militares uruguaios articularem um golpe de Estado eficaz? De acordo com Angell (2002, p. 175, tradução nossa):

> *Os fatores que alteraram progressivamente o caráter das forças armadas foram os resultados das eleições de 1958 e a consequente promoção de oficiais brancos, a crescente importância que na política norte-americana se davam às técnicas antissubversivas na América Latina e o grande incremento do emprego de forças armadas para sufocar a agitação social e trabalhista durante o período de crise econômica, em especial, é claro, no final dos anos sessenta.*

O golpe foi desferido com o impedimento à nomeação de ministros pelo presidente sem a aprovação das forças armadas. Em seguida, um conselho de militares para garantir a segurança nacional (Cosena) foi criado para aconselhar o presidente. Por fim, os militares tomaram a legislatura, substituindo-a por um Conselho de Estado.

Aproveitando-se de uma pausa na luta dos movimentos sociais e das guerrilhas devido às eleições no ano anterior, os militares acirraram a perseguição "antissubversiva". Assim, quando uma resistência ao golpe tentou impedir os militares de chegar ao poder, ela foi neutralizada com facilidade pelas forças armadas. Empresas públicas passaram a ser controladas por militares.

Tão cedo iniciou-se a ditadura, instalou-se no Uruguai a repressão generalizada que levou à prisão personalidades, militantes, sindicalistas, professores e estudantes de diferentes partidos. O Partido

Comunista foi posto na ilegalidade e tudo passou a ser justificado pelo anticomunismo e pela doutrina de segurança nacional (Angell, 2002).

Oficialmente, o regime foi civil-militar, mantendo-se presidentes e ministros civis até 1981 – quando o general **Gregório Álvarez** (1925-2016) subiu ao poder e governou pelos três últimos anos da ditadura, durante a transição para o governo civil.

Assim, podemos afirmar que não se teve no Uruguai – como no Paraguai, Argentina e Chile – uma concentração de autoridade em uma figura específica. Contudo, durante todo o período ditatorial, a autoridade governamental esteve concentrada nas mãos dos militares, sendo que quem realmente controlava o país eram os membros do Conselho de Estado. Os poucos civis que participavam de tal conselho não passavam de figuras decorativas.

O regime durou até 1985 e foi marcado pela violência e perseguição aos opositores do regime. Conforme aponta Angell (2002, p. 175, tradução nossa), "No apogeu da repressão, em meados dos anos setenta, o regime tinha em seu poder mais de sete mil presos políticos: dizia-se que o Uruguai tinha a população total mais alta do mundo de presos de consciência".

Conforme demonstramos anteriormente, no aspecto repressivo e na relação com os Estados Unidos, a ditadura vivida pelos uruguaios não foi diferente daquelas enfrentadas por todo o Cone Sul.

Buscando uma explicação para a ação dos militares, Angell (2002, p. 176, tradução nossa) aponta que "a severidade da repressão se explica em parte pelo isolamento das forças armadas dentro do sistema social antes do golpe e o escasso prestígio social proporcionado pela carreira nas armas".

Contudo, o número de mortos e desaparecidos da ditadura uruguaia ainda é bastante inferior àqueles verificados na Argentina ou no Chile. Isso se deve, em grande parte, ao fato de que os militares uruguaios lograram acabar com toda a atividade política existente, facilitando seu controle sobre a classe média. Essa característica da ditadura uruguaia levou à investigação sobre mortos e desaparecidos ainda no período ditatorial, fazendo do Uruguai um dos precursores das investigações sobre os abusos cometidos pelos militares.

No tocante à resistência ao regime, destacamos a ação da guerrilha urbana de orientação marxista-leninista, o **Movimento de Liberação Nacional**, mais conhecido como *Tupamaros*. Com várias ações ao longo de mais de uma década de luta, os Tupamaros já eram bastante conhecidos antes mesmo do golpe militar. Desacreditados por ampla parte da classe média devido aos inúmeros casos de corrupção, os Tupamaros ficaram famosos por sequestrar autoridades políticas – como o cônsul brasileiro.

Chamamos a atenção aqui para o engajamento político da classe trabalhadora uruguaia, que, diversas vezes, fez de grandes greves um instrumento de luta política contra o regime militar, cuja estratégia econômica era claramente neoliberal – assim como as demais ditaduras no Cone Sul. A proposta dos militares consistia basicamente em atrair empreendedores, derrubando barreiras ao comércio exterior de produtos primários ao mesmo tempo que o papel do Estado na economia era reduzido.

Para disfarçar a inflação permanente, os militares uruguaios ocultaram informações e se concentraram em propagar pequenas melhoras – que seriam frutos da abertura econômica e dos cortes salariais. Pequenos avanços de fato existiram, mas seus custos sociais foram tamanhos que a população, muitas vezes, sequer os sentiu (Angell, 2002). Em 1985, a ditadura uruguaia chegou ao fim, deixando um rastro de estagnação econômica e endividamento externo.

Pode-se notar que, apesar das inúmeras e profundas particularidades, as ditaduras do Cone Sul apresentaram algumas características em comum.

Primeiramente, atenta-se para a construção da imagem de um inimigo implacável e sorrateiro, reforçando o anticomunismo, o discurso ideológico nacionalista e de segurança nacional. Além disso, as reivindicações por direitos mais básicos eram, na maioria das vezes, brutalmente reprimidas, assim como quaisquer expressões contrárias ao regime.

Isso nos leva, rapidamente, a outra característica compartilhada pelos regimes civis-militares da América do Sul: a de alinhamento aos propósitos dos sucessivos governos norte-americanos.

É notável também que os regimes militares do Cone Sul tiveram outras características (perturbadoras) em comum, como "execuções ou massacres, oficiais e para-oficiais, tortura sistemática de prisioneiros e o exílio em massa de adversários políticos" (Hobsbawm, 2009, p. 429). O objetivo era usar o medo para manter neutras as ações e opiniões de opositores dos regimes ditatoriais, que não corroboravam as políticas sociais e econômicas adotadas pelos militares.

Do ponto de vista econômico, os países sul-americanos tiveram aberturas maciças ao capital internacional, sendo uma época de grande endividamento interno e externo. Esse panorama refletiu no empobrecimento da população e em sucessivas crises, o que gerou estagnação econômica.

Tendo em vista essas informações, é possível compreender como a instalação de regimes ditatoriais na América do Sul operou como forma de manutenção do sistema capitalista e da influência dos Estados Unidos em um contexto de Guerra Fria.

(6.2)
Processos de redemocratização na América do Sul

Com o fim dos regimes militares no Cone Sul, os países entraram em processos de redemocratização, com os civis voltando ao poder após um longo período. Esses processos foram recebidos com grande esperança e, até hoje, se espera muito deles, sobretudo para a superação dos problemas socioeconômicos.

As redemocratizações da América do Sul tiveram particularidades, no entanto, "todos esses países são hoje democracias com pendências sérias, em especial no que toca aos direitos humanos, à pobreza e ao crescimento econômico" (D'Araujo, 2008, p. 321). Primeiramente, chamamos a atenção para a hegemonia do pensamento militarista sobre assuntos relativos à segurança nacional na América Latina. Essa lógica não foi, ao contrário do que se pode pensar, rompida após o término dos regimes militares.

Por outro lado, os processos de redemocratização trouxeram para a América Latina bem mais do que eleições. Eles propiciaram o ambiente perfeito para o surgimento de novos movimentos sociais. D'Araujo (2008) aponta que as democracias emergentes da América do Sul têm em comum processos de realinhamento partidário que tem como marca o surgimento de novos atores sociais. Contudo, sendo esses processos todos bastante recentes, é difícil delimitar seus contornos.

Outro aspecto fundamental comum aos processos de redemocratização na América do Sul diz respeito ao descrédito no qual caíram algumas instituições representativas. Existe um panorama questionador com relação à representatividade dos partidos e do Poder Legislativo – que são indispensáveis às democracias modernas

(D'Araujo, 2008). Entretanto, o que mais chama atenção a esse respeito é o fato de que a "democratização da política ainda não se fez acompanhar da necessária democratização das relações entre Estado, governo e sociedade" (D'Araujo, 2008, p. 324). Portanto, a emergência de novos atores sociais não comprova que os processos de redemocratização foram completados de forma satisfatória.

Após algumas décadas re-experimentando a democracia, também é possível perceber que a América do Sul adotou o modelo democrático ocidental vigente, sem grandes propostas diferenciadas e com os governos todos, em linhas gerais, adotando medidas de responsabilidade fiscal.

Por outro lado, D'Araujo (2008, p. 327) aponta que

> *nunca a região esteve tão comprometida com a manutenção da democracia. Os tratados de cooperação econômica, como o do Mercosul[5], e as decisões dos países-membros do Grupo do Rio[6] têm cláusulas estabelecendo a manutenção da democracia como requisito para a convivência regional.*

Dessa maneira, a democracia ganhou, na América do Sul, o *status* de moeda política e econômica, sendo que vem tentando expandir-se e consolidar-se no bloco a partir da assinatura de tratados e acordos bilaterais para superação de alguns obstáculos que são vistos como nocivos ao exercício democrático – como a pobreza (D'Araujo, 2008).

---

5 *O Mercosul, ou Mercado Comum do Sul, foi criado em 1991 com a finalidade de atuar como uma organização intergovernamental para o estabelecimento da integração comercial, social e política da América do Sul. Os países que são considerados membros plenos do Mercosul são: Argentina, Brasil, Paraguai e Uruguai.*

6 *O Grupo do Rio, ou Mecanismo Permanente de Consulta e Concertação Política da América Latina e do Caribe, foi criado no final de 1986 com a finalidade de atuar como um instrumento de consulta internacional das democracias latino-americanas e caribenhas.*

Para o caso da redemocratização brasileira, mais especificamente, o anúncio de Geisel de que se iniciaria uma abertura do regime contribuiu para o afastamento dos militares do controle do país, ainda que não tenha sido um consenso social. De fato, os militares ainda têm destaque nos cenários políticos de alguns países latino-americanos, como Paraguai, sendo poucos os casos em que existe uma subordinação dos militares às democracias e aos regimes civis. Mesmo em democracias consideradas estáveis e mais consolidadas, como a chilena e a uruguaia, os militares possuem prerrogativas especiais. Porém, é muito importante que se destaque que isso "não quer dizer que estejamos em processo de novo protagonismo militar" (D´Araujo, 2008, p. 336).

Com tudo isso, percebe-se que, de acordo com D'Araujo (2008, p. 336), na América Latina,

estamos aprendendo a fazer política democrática sem ter tradições democráticas, tendo contra nós ainda uma história de exclusões e desigualdades. Por isso, avanços e retrocessos. Falta-nos o pano de fundo da igualdade e a tradição de bons governos articulados com a sociedade civil.

Tendo em vista essa constante necessidade de redemocratização, existe uma luta na América do Sul pelo resgate da memória da ditadura, que visa punir os crimes executados no período. Por outro lado, há um senso comum de que os militares não vão voltar ao poder – até porque não existe nenhum indício de interesse militar em ocupar funções governamentais no momento.

(6.3)
MEMÓRIA E DITADURA:
AS COMISSÕES DA VERDADE

Logo que as ditaduras chegaram ao fim no Cone Sul, por volta da década de 1980, começou a luta de organizações pela apuração dos crimes cometidos contra os direitos humanos durante o período de repressão. Atualmente, várias organizações lutam para que os torturadores, sequestradores e agentes da repressão sejam punidos – apesar das leis de anistia que protegem essas pessoas em vários países.

Ademais, esses grupos também exigem a abertura irrestrita de todos os arquivos das ditaduras. O acesso a essa documentação poderia auxiliar famílias a encontrar entes queridos sequestrados pelos militares, colocando fim, assim, a uma longa história de dor e espera.

Os esforços das comissões da verdade na América Latina são notáveis. No Brasil, ela foi composta apenas durante o governo **Dilma Rousseff** (1947-), entre 2011 e 2016, e contou com a participação de sete membros nomeados pela presidenta, além de pesquisadores e especialistas no tema.

No Brasil, a Comissão Nacional da Verdade (CNV), apesar de criada tardiamente – comparada às iniciativas semelhantes nos países vizinhos –, compartilha os mesmos objetivos das demais: investigar os crimes contra os direitos humanos ocorridos durante o período ditatorial. Para tanto, os membros da comissão colheram depoimentos de vítimas, familiares e agentes da repressão. Ao fim das investigações, produziu-se um relatório com as conclusões dessas pesquisas[7].

---

7 Você pode acessar o relatório no site da CNV. Disponível em: <http://www.cnv.gov.br/>. Acesso em: 8 jan. 2018.

Esse trabalho é fundamental para que que se possa, por meio da memória e da narrativa das vítimas da ditadura e de seus familiares, superar esse grande trauma histórico.

(6.4)
AMÉRICA LATINA E GLOBALIZAÇÃO

Desde o final dos anos 1970, o mundo vive um intenso processo de integração das relações econômicas e políticas entre os países: a globalização. Nesse processo, o capital atingiu o mais alto grau de internacionalismo já visto, o que fez um tipo específico de capital prevalecer: o **capital financeiro**.

Corsi (2008) aponta que a globalização é uma resposta à instabilidade detectada no começo dos anos 1970, quando uma crise de superprodução se somou a um panorama de grande contestação social. A ideia era reconstruir a rentabilidade do capitalismo ao mesmo tempo que se reorganizaria todo o processo produtivo, com base nas novas tecnologias e comunicações e nos transportes disponíveis. Contudo, o que se viu foi um cenário de desregulamentação do mercado, fragmentação e enfraquecimento das organizações trabalhistas e de rápida precarização das relações de trabalho – sobretudo nos países que tinham economias complementares às grandes potências.

Na América Latina, um efeito muito claro desse processo de globalização, que carrega em seu bojo uma internacionalização do capitalismo, das atividades produtivas e da divisão do trabalho, foi a **instalação de multinacionais**. O objetivo era que as grandes companhias pudessem reduzir custos e manter as margens de lucro favoráveis, controlando suas operações a distância. Ainda assim, para vários países latino-americanos, criar condições para atrair essas empresas tornou-se uma alternativa para o desenvolvimento (Corsi, 2008).

Esse modelo de crescimento fundamentado na associação ao grande capital veio abaixo a partir da década de 1980. Os efeitos políticos, sociais e econômicos foram, como você pode imaginar, devastadores. Nenhuma camada social parecia articulada o suficiente para sustentar um novo projeto desenvolvimentista.

Outros efeitos podem ser facilmente observados na desregulamentação dos bancos e instituições financeiras ao longo das décadas. Isso foi possível graças à grande abertura das economias internacionais sob a égide do processo de globalização. Dessa maneira, essas grandes companhias "disseminaram processos produtivos fragmentados espacialmente, o que foi fundamental para retomada da rentabilidade" (Corsi, 2008, p. 3). Essa ação de organizações internacionais de regulação dos mercados também foi fundamental. Nessa época, organismos como a Organização Mundial do Comércio (OMC) ganharam importância.

Essa nova fase do capitalismo impulsionou o neoliberalismo – que se instalou nas políticas econômicas dos países de diferentes maneiras. No Chile, isso ocorreu por meio de uma política de desindustrialização aliada ao enfraquecimento das organizações trabalhistas; na Argentina, foram os militares que promoveram políticas neoliberais; já em outros países, esse sistema se instalou a partir de agudas crises econômicas e fiscais. Em todos os casos, o que se seguiu foi um profundo enfraquecimento das camadas trabalhadoras da sociedade.

A exceção está em nosso próprio país, onde o neoliberalismo só chegou mais tarde. Consequência direta desse atraso foi o fortalecimento dos movimentos sociais na década de 1980 e das elites rentistas e primário-exportadoras.

Quando falamos da globalização na América Latina, é impossível não considerar as políticas econômicas neoliberais vigentes a partir de 1980. Esses anos foram marcados pela instalação de uma economia de mercado em que capitais, títulos e câmbios circulavam rapidamente e em escala global. O neoliberalismo teve tamanha força nessa época que, antes do fim da década, uma reunião dos países do continente – denominada *Consenso de Washington* (1989) – criou uma série de medidas que aprofundaram práticas administrativas neoliberais na América Latina.

Essa época foi marcada por sucessivos governos conservadores, grande instabilidade e baixíssimos índices de crescimento para grande parte dos latino-americanos – que conviviam com a estagnação econômica e uma situação de subordinação e complementariedade a grandes economias mundiais que eles não conseguiam acompanhar. A maioria dos países não era capaz de renegociar suas dívidas e os poucos que conseguiram superar a inflação do período logo vivenciaram grandes crises, como a ocorrida na Argentina no começo dos anos 2000.

Por volta de 2003, o panorama tornou-se um pouco mais favorável aos latino-americanos – apesar da persistente vulnerabilidade econômica. De maneira geral, a economia mundial sofreu um processo de expansão, fato que foi aliado à subida ao poder de partidos de centro-esquerda em países como Brasil, Argentina, Venezuela e Bolívia (Corsi, 2008). Contudo, essa recuperação econômica, aliada a governos que davam mais atenção a questões sociais, não foi suficiente para garantir a tão sonhada estabilidade econômica e social.

Esse fracasso pode ser atribuído a dois fatores. O primeiro diz respeito ao processo de globalização, que não foi executado de maneira a acabar com as desigualdades sociais e econômicas; pelo contrário, elas foram acentuadas. Nesse sentido, podemos afirmar que o processo de internacionalização do capitalismo veio apenas confirmar o desenvolvimento desigual de diferentes partes do globo. O segundo fator é relativo à característica primário-exportadora das econômicas latino-americanas, visto que as manufaturas produzidas no continente ainda têm baixo valor agregado e relação com o extrativismo e a disponibilidade de mão de obra barata.

Com relação aos Estados Unidos, por sua vez, podemos afirmar que a globalização os levou a "reafirmar sua hegemonia, embora tenha ela passado a enfrentar uma erosão crescente tanto em termos econômicos quanto políticos" (Corsi, 2008, p. 2).

Em vista disso, podemos afirmar que a América Latina do século XXI ainda sofre com os efeitos da grave dependência econômica internacional. Isso ficou ainda mais claro quando a crise de 2007, nos Estados Unidos, ecoou mais abaixo do continente.

Com o padrão monetário flutuante imposto pelo capital financeiro, os países latino-americanos não conseguem colocar em prática políticas desenvolvimentistas mais sólidas, o que afeta diretamente a população. Além disso, inúmeros governos locais – atrelados a grandes empresas estrangeiras – atuam de maneira a perpetuar a globalização por meio da desregulamentação econômica.

Assim, podemos concluir que, acompanhando as tendências internacionais, a América Latina na era da globalização continua dependente das exportações de manufaturas de baixo valor agregado e, principalmente, de produtos primários. De fato, conforme aponta Corsi (2008), nas últimas décadas a indústria latino-americana vem apresentando um quadro bastante crítico, diminuindo significativamente sua participação no PIB dos países. Nas palavras do autor, a "América Latina [...] se inseriu no processo de globalização sobretudo pela via financeira. Essa tendência parece reafirmar a inserção passiva e subordinada na economia mundial" (Corsi, 2008, p. 5).

(6.5)
GLOBALIZAÇÃO E DEMOCRACIA

Com o advento da era da globalização no mundo ocidental, uma nova etapa no desenvolvimento do capitalismo se iniciou, alterando as funções dos Estados-nação, partidos políticos e instituições (regionais e globais) políticas, econômicas e sociais. O contexto se tornou multinacional, mutilógico e internacional.

A democracia não ficou de fora e foi também afetada pela mudança nas relações globais. Primeiramente, precisamos esclarecer que nesta obra compreendemos *democracia* como "um modelo político que possibilita a intervenção da sociedade mais ampla nas instâncias decisórias do poder" (Chaia, 1997, p. 12).

Do ponto de vista econômico, globalização é, nos países periféricos, sinônimo de dominação do capital financeiro e da proeminência de agências financeiras internacionais. Essas instituições alteram a autonomia do Estado e subordinam sua ação à dinâmica da economia de mercado. A imposição de programas econômicos preestabelecidos, que visam à hegemonia do capital financeiro, também afetam as democracias desses países, que passam a se sujeitar a esses interesses externos – ou seja, globais.

Inúmeros autores vêm se dedicando a esse tema e, de maneira geral, afirma-se que:

> *tendo em vista avaliar os efeitos sobre a Democracia, pode-se sintetizar a globalização como um processo de internacionalização da produção capitalista, de desenvolvimento das comunicações e tecnologia, de redefinição da divisão internacional do trabalho, do aumento exacerbado do poder das agências financeiras internacionais, das empresas transnacionais, processo esse acentuado principalmente a partir dos anos 70.* (Chaia, 1997, p. 7)

Lara Taline dos Santos

Conforme visto anteriormente, a partir dos anos 1980, muitos países latino-americanos vivenciaram um grande avanço de governo, políticas e práticas neoliberais. Nessa perspectiva, o regime democrático é considerado um agente catalisador dos gastos (desnecessários) do Estado. Assim, podemos afirmar que as "críticas dos neoliberais são dirigidas ao aumento do poder do Estado, ao poder dos sindicatos e do movimento operário, e ao crescente gasto público com questões sociais" (Chaia, 1997, p. 8).

Em 1982, vários países latino-americanos entraram em um ciclo de crises econômicas, políticas e sociais capitaneado pelo México. Moratórias foram declaradas em tamanha profusão que a década inteira ficou conhecida como *a década perdida*. Em nosso país, os efeitos foram tão devastadores que, na década de 1980, "o Brasil empobreceu tanto que se tornou incapaz de garantir emprego aos brasileiros em idade de ingressar no mercado de trabalho" (Chaia, 1997, p. 13).

Na transição para a década seguinte, a saída que o neoliberalismo ofereceu à crise ocorreu pela via da estabilidade monetária, realizada por meio do controle da inflação, do controle do orçamento da União e do corte nos gastos sociais. A ideia era promover uma série de reformas (fiscal, tributária, previdenciária, trabalhista, administrativa etc.) que enxugassem a máquina do Estado, possibilitando um grande número de privatizações e a adoção de padrões econômicos internacionais. De acordo com os preceitos neoliberais: "Com esses mecanismos estruturados, e com o livre jogo do mercado, a economia capitalista voltaria a crescer, às custas do aumento da desigualdade, avaliada como necessária para quebrar o poder dos sindicatos, e frutífera para dinamizar as economias" (Chaia, 1997, p. 8).

Conforme aponta Anderson (1995), a causa direta da instalação de políticas neoliberais é o desemprego. Contudo, a escassez do emprego é prevista nesse modelo administrativo e, mais do que isso, é visto como algo natural e benéfico para a manutenção do equilíbrio da economia de mercado.

Por outro lado, é inegável que os governos neoliberais trouxeram de volta ao continente os capitais que haviam fugido em crises anteriores. O efeito disso, contudo, foi um aumento da dependência econômica externa e do controle internacional sobre as instituições latino-americanas. Logo, esse cenário levanta questionamentos sobre o quão benéfico realmente foi o retorno dos capitais estrangeiros na América Latina, pois sua natureza especulativa teve (e têm) efeito corrosivo em muitas economias.

A visão neoliberal estabelece uma contradição: ao mesmo tempo que defende um sistema democrático, busca o estabelecimento de um Estado mínimo e negligencia questões sociais. Além disso, embora a liberdade de voto seja crucial nesse sistema – visto que o processo eleitoral é o responsável pela decisão do projeto político-econômico a ser implementado –, esse sistema não preza a efetiva participação popular. Por esse motivo, temos que atentar para não confundir o processo de globalização com a proposta neoliberal, pois "uma coisa é o desenvolvimento do capitalismo, que está passando por um processo de globalização; outra coisa, é a política que irá implementar essa transformação" (Chaia, 1997, p. 14).

Entre os estudiosos que se debruçaram sobre esse tema, destacamos Oliveira (1997) e Boron (1994). A primeira autora afirma que a internacionalização de processos decisórios nos países vem tornando a democracia impraticável em muitos locais. Boron (1994), por sua vez, aprofunda-se no tema e aponta que não é possível compreender a instituição democrática na América Latina sem levar em consideração a violência, a decomposição social, os problemas no judiciário, a apatia e frustração popular, a crise e fragmentação partidária, a impotência do Estado, o isolamento da classe política e a impunidade com relação aos crimes políticos, econômicos, fiscais, ambientais e sociais perpetuados por membros das elites dirigentes.

A democracia plena, para Boron (1994), abarca todas as instituições políticas, econômicas e sociais, o que exige a existência de um Estado forte, coeso e presente. Somente esse modelo de Estado estaria apto a minimizar as desigualdades sociais com base em políticas de redistribuição de renda.

Porém, é preciso se ter cuidado para não generalizar o processo. A globalização ocorreu em múltiplos sentidos e assumiu facetas diferenciadas, de acordo com as especificidades de cada país. Além disso, os países se inseriram nesse processo de maneiras e em momentos diferentes, prevalecendo a heterogeneidade do processo de globalização.

Em muitos países latino-americanos, o avanço da globalização sobre a democracia trouxe o fortalecimento do Executivo e o desaparecimento dos grandes partidos de massa, com maior ou menor intensidade. O mesmo podemos dizer sobre outros efeitos do processo, como a criação de certo consenso com relação às ideologias econômicas.

Além disso, vários países, como o Brasil, têm sistemas políticos que são, até hoje, marcados pela profunda fragilidade democrática. Essa característica advém de décadas de práticas coronelistas e clientelistas, além de golpes de Estado. Nesses países, o que se verifica é "uma promessa de democracia, enquanto as condições de violência, miserabilidade, desemprego etc. indicam uma impossibilidade de efetivação da democracia" (Chaia, 1997, p. 12).

Entretanto, além das diferenças de instalação e efeitos da chegada da globalização aos Estado-nação latino-americanos, é notável uma tendência geral de estabelecimento de democracias políticas que não têm como finalidade acabar com as desigualdades econômicas e sociais. Além disso, apontamos também para a consolidação recente de partidos eleitoreiros, do *marketing* político e da figura do político pré-fabricado.

Isso só foi possível devido a um grande fortalecimento da mídia na era da globalização, que proporciona um peso político considerável. Dessa maneira, "a mídia deve ser compreendida enquanto fonte geradora de sistema de apresentação da realidade, utilizados seja para compreender a sociedade ou para acionar diferentes formas de ações" (Chaia, 1997, p. 10).

Criando uma ideia de falsa escolha, de falsa democracia, diferentes agências midiáticas na América Latina impedem a reflexão e a participação política popular, impondo valores próprios e conduzindo discussões de seu interesse aos seus ouvintes, telespectadores e leitores. Assim, muitas vezes, a mídia é utilizada como forma de criticar as instituições políticas democráticas, criando tensões e desestimulando o exercício da democracia.

Isso não significa que o sistema democrático deve estar acima de quaisquer exames. Pelo contrário, a ideia é problematizar a atuação das instituições democráticas, buscando um equilíbrio entre as críticas e a manutenção de alguns valores. É preciso compreender o sentido das transformações políticas trazidas pela globalização, sempre tendo como horizonte a preservação, o fortalecimento e a perpetuação das instituições democráticas de direito na América Latina.

Contudo, precisamos destacar que democracia se constrói com participação popular e que a história da América Latina é marcada pela negação ou negligência dessa participação. Se atualmente existem questionamentos sobre o modelo democrático latino-americano, isso ocorre porque a tarefa de pensar espaços democráticos sem experiência democrática é quase impossível – o que gera visões distorcidas sobre a ineficácia da democracia representativa ou da sua separação nas esferas do que é político, econômico ou social.

Síntese

Neste capítulo, demos continuidade à análise das ditaduras civis-militares da América do Sul, apresentando as especificidades do regime em cada país. Como pudemos demonstrar, todos os regimes utilizaram meios cruéis de repressão, censura e perseguição. Ao mesmo tempo, esses eles também foram sinônimo de aprofundamento da dívida externa, de dependência estrangeira e de adoção de medidas econômicas neoliberais, como a abertura total das economias sul-americanas.

Após a queda geral dos militares no Cone Sul nos anos 1980, os processos de redemocratização levaram ao surgimento de democracias mais ou menos estáveis, porém, com sérias pendências, fragilidades, vulnerabilidades e problemas de representatividade. Nesse sentido, indicamos que os problemas relacionados a direitos humanos, violência urbana e policial, desigualdade e endividamento nacional são heranças do período ditatorial.

Na sequência, verificamos que as memórias dolorosas desse período de grande controle social e perseguição têm sido buscadas pelos membros de diversas comissões da verdade instaladas na América do Sul. Conforme apresentamos, essas organizações têm por objetivo elaborar dossiês que explicitem os crimes perpetuados pelos regimes militares sul-americanos, buscando justiça para as vítimas.

Por fim, discorremos sobre a globalização na América Latina, processo que ocorreu a partir da adoção de práticas neoliberais pelos governos e pela instalação de multinacionais em vários países. Nesse sentido, analisamos que a era da economia de mercado na América Latina veio acompanhada de inferioridade econômica em relação às potências mundiais e à evidente dependência do setor primário-exportador – mencionado desde o início desta obra. Contemporaneamente, a América Latina ainda produz manufaturas de baixo valor agregado e não representa uma força mundial nesse setor, além de ainda ser dominada por agências financeiras internacionais.

Conforme pudemos perceber, os fatores contemplados neste capítulo contribuíram para que as democracias latino-americanas fossem marcadas pela fragilidade, sem realmente conseguir combater as inúmeras desigualdades sociais do continente.

Com isso, esperamos que você tenha compreendido um pouco mais o panorama contemporâneo da América Latina e que não perca de vista a continuidade nas relações de dependência e nas instabilidades políticas e sociais da região.

Atividades de autoavaliação

1. O poeta chileno Pablo Neruda e o cantor e compositor brasileiro Chico Buarque são expoentes de uma cultura de protesto que denunciava, mesmo que de forma velada, os abusos de poder e as violências praticadas durante as ditaduras militares que viveram seus países.

    Sobre as ditaduras militares da América Latina, é **incorreto** afirmar:

    a) Receberam amplo apoio dos Estados Unidos, que visavam implantar políticas ultraliberais e extirpar o "inimigo vermelho" da sociedade.
    b) Contaram com uma resistência popular, advinda sobretudo de dramaturgos, literatos, poetas e músicos, que foram perseguidos, assassinados e exilados.

c) Somente no Brasil, o modelo implantado caracterizou-se por ser um regime civil-militar, uma vez que contou com apoio de vários grupos da sociedade civil.

d) Foram inseridas como parte de um processo de manutenção da região latina dentro do bloco de influência capitalista, alinhado aos propósitos norte-americanos.

2. Durante as décadas de 1960 e 1970, diversos países da América Latina sofreram intervenções militares. Essas intervenções ocorreram porque considerava-se necessário implementar algumas medidas, **exceto:**

a) A garantia de poder da elite político-social incrustada no Estado.

b) A garantia dos interesses do capital estrangeiro investido nos países.

c) A diminuição do espaço democrático conquistado pelos sindicatos e partidos.

d) O reconhecimento do papel das forças armadas como instrumentos do poder civil.

3. Após o término dos regimes militares no Cone Sul, os países entraram em processos de redemocratização, com os civis voltando ao poder após um longo período de tempo. Esses processos foram recebidos com grande esperança e, até hoje, espera-se muito deles, sobretudo no que tange à superação de problemas socioeconômicos.

Sobre os processos de redemocratização da América Latina, é **incorreto** afirmar:

I) A maioria dos países precisou lidar com diversos problemas sociais, sobretudo de direitos humanos, pobreza e crescimento econômico.

II) Ocorreu um processo de realinhamento partidário, o que possibilitou o surgimento de novos movimentos sociais.

III) A manutenção da democracia passou a ser amplamente discutida nos setores políticos, que criaram estratégias para a sua preservação, aumentando a credibilidade das instituições representativas.

IV) Mesmo após o fim dos regimes ditatoriais, os militares continuaram usufruindo de prerrogativas especiais, verificando-se uma relativa autonomia em relação às democracias e aos regimes civis.

Assinale a alternativa correta:

a) Somente as alternativas I, II e III estão corretas.
b) Somente as alternativas I, II e IV estão corretas.
c) Somente as alternativas I, III e IV estão corretas.
d) Somente as alternativas II, III e IV estão corretas.

4. (ENEM-2014) A Comissão Nacional da Verdade (CNV) reuniu representantes de comissões estaduais e de várias instituições para apresentar um balanço dos trabalhos feitos e assinar termos de cooperação com quatro organizações.
O coordenador da CNV estima que, até o momento, a comissão examinou, "por baixo", cerca de 30 milhões de páginas de documentos e fez centenas de entrevistas.

Disponível em: www.jb.com.br Acesso em: 2 mar. 2013 (adaptado).

A notícia descreve uma iniciativa do Estado que resultou da ação de diversos movimentos sociais no Brasil diante de eventos ocorridos entre 1964 e 1988. O objetivo dessa iniciativa é

a) anular a anistia concedida aos chefes militares.
b) rever as condenações judiciais aos presos políticos.
c) perdoar os crimes atribuídos aos militantes esquerdistas.
d) comprovar o apoio da sociedade aos golpistas anticomunistas.
e) esclarecer as circunstâncias de violações aos direitos humanos.

5. Os processos de globalização da América Latina não foram suficientes para acabar com as desigualdades sociais nem para desenvolver a economia nos países latinos. Isso se deve aos seguintes fatores:

I) Ao processo de globalização, que não foi executado de maneira a acabar com as desigualdades sociais e econômicas; pelo contrário, elas foram acentuadas.

II) À característica primário-exportadora das economias latino-americanas, haja vista que as manufaturas produzidas no continente ainda têm baixo valor agregado e se sustentam a partir do extrativismo e da disponibilidade de mão de obra barata.

III) À dependência econômica internacional, que ainda permanece e provoca grande instabilidade aos países latinos, sobretudo quando essas economias externas sofrem abalos.

IV) À elaboração de políticas desenvolvimentistas que visam romper com o investimento de empresas estrangeiras, buscando romper os laços de dependência e inserção passiva na economia mundial.

Assinale a alternativa correta:

a) Apenas as alternativas I, II e III estão corretas.
b) Apenas as alternativas I e III estão corretas.
c) Apenas as alternativas II e IV estão corretas.
d) Apenas as alternativas I, III e IV estão corretas.

Atividades de aprendizagem

Questões para reflexão

1. Na reportagem intitulada "Em áudio de 1988, Raul Seixas relata tortura sofrida durante a ditadura militar", o jornalista Edgard Matsuki nos revela trechos da experiência do roqueiro baiano:

Eu fui pego na pista do Aterro [do Flamengo, no Rio] quando eu voltava de um show. Um carro do Dops barrou o meu táxi e eu fiquei nu com uma carapuça preta na cabeça. Fui para um lugar, se não me engano, Realengo. Eu sinto que foi por ali, Realengo. Um lugar subterrâneo, que tinha limo. Eu tateava as paredes e tinha limo. E vinham cinco caras me interrogar. Tinha um bonzinho, um outro bruto que me dava murro, um que dava choque elétrico em lugares particulares e tudo. Eu fiquei três dias lá. Sabe, cada um tinha uma personalidade. Era uma tortura de personalidade. Eu não sabia quem vinha. Só sentia pelos passos. Eu pensava, era o cara que batia. (Matsuki, 2014)

Com base nos seus estudos ao longo deste capítulo, responda às seguintes questões: Quais os objetivos dos agentes da repressão ao perseguir, torturar e interrogar cantores, músicos, atores, escritores e outras personalidades da vida pública brasileira? Como isso se reflete na nossa arte atualmente?

2. Em matéria para o portal *El País*, o jornalista Francisco Peregil traz ao público brasileiro um pouco da realidade das avós da Praça de Maio, em Buenos Aires, que lutam para reencontrar os netos sequestrados ainda infantes pelos militares argentinos durante a ditadura no país.

Não foi fácil, ao longo de 36 anos, recuperar a identidade de 114 crianças sequestradas. E não será fácil topar com outros 400 indivíduos que, segundo as Avós da Praça de Maio, ainda precisam ser localizados. O neto da presidenta da Associação, Estela de Carlotto, decidiu apresentar-se em julho na sede porteñas das Avós e se submeter a exames de DNA. Não foi nada cômodo esse caminho, por mais que todo mundo saiba em qual rua fica essa entidade. Não é fácil deitar-se todos os dias, ao longo de 36 anos, como Ignacio Hurban – Pacho para os amigos –, filho do trabalhador rural Clemente Hurban e da sua esposa Juana... e acordar numa quarta-feira com o nome do Guido de Carlotto, filho de Laura de Carlotto e Walmir Oscar Montoya, dois guerrilheiros do grupo Montoneros sequestrados e assassinados durante a ditadura militar (1976-1983). (Peregil, 2014)

Tendo em vista o que foi discutido sobre a importância da abertura dos arquivos e dos trabalhos de rememoração e narração dos horrores das ditaduras civis-militares no Cone Sul, responda: Como a luta das avós da Praça de Maio auxilia no processo de consolidação da democracia na Argentina?

No que a descoberta da verdade sobre o destino de seus filhos e netos pode influenciar a luta de outros grupos com objetivos semelhantes na América do Sul?

Atividade aplicada: prática

1. Visando refletir sobre as representações posteriores da ditadura civil-militar no Brasil, assista ao filme *O Ano em que meus pais saíram de férias*, lançado em 2006, e elabore uma resenha a respeito da produção. Atente para como as pessoas que não estavam diretamente envolvidas no regime foram afetadas pela repressão.

> O ANO em que meus pais saíram de férias. Direção: Cao Hamburger. Brasil: Buena Vista International, 2006. 105 min.

Ao realizar esta atividade, é fundamental que você tenha em mente que o cinema é um produto da chamada *indústria cultural* e que está inserido em contextos históricos específicos.

Um dos autores que se debruçou sobre este tema foi Marc Ferro, que apresenta uma análise muito interessante a respeito da complexidade do cinema como objeto de estudo[8].
O historiador francês se dedicou intensamente ao estudo das ideologias incutidas nas produções cinematográficas. De acordo com o autor, inicialmente, é necessário analisar como o filme é visto, para então se aprofundar no estudo dos conteúdos e das linguagens textuais, sonoras e imagéticas. Por fim, é preciso estudar as escolhas feitas pela equipe de produção, edição e direção, desde equipamentos até

---

8   FERRO, M. *Cinema e história*. Rio de Janeiro: Paz e Terra, 1992.

cenas cortadas, pois elas podem ser fundamentais para a compreensão histórica da narrativa construída pelo filme.

Assim, salienta-se a necessidade de que você parta da constatação de que filmes, como o aqui sugerido, são construções e não são representações fiéis da realidade. O que está contido em uma obra cinematográfica não é a história como ela ocorreu, mas antes uma interpretação dela. Como você deve se recordar, já é consenso que não é possível recontar a história exatamente como ela ocorreu, e isso se aplica, não menos, à análise fílmica.

Considerações finais

Compreendendo que a América Latina não pode – e não deve – ser tomada como um todo homogêneo monolítico, pretendemos nesta obra demonstrar por que a aplicação dos mesmos processos em diversos países, não levando em consideração populações nativas, minorias sociais e outros marginalizados, configura um problema.

Para explicar de que maneira essas nações se construíram, começamos nossa abordagem pelos processos de independência dos Estados Unidos e do Haiti, apontando de que maneira eles influenciaram os demais processos americanos. Nesse sentido, pudemos verificar como as elites latino-americanas tentaram evitar um processo de independência semelhante ao do Haiti e se aproximar mais do modelo norte-americano. A forma como as elites oligárquicas passaram a dominar esses processos refletiu no desenvolvimento político, econômico e social dos países latino-americanos, sendo esse um elemento que jamais pode ser excluído de qualquer análise atinente ao tema.

Em seguida, pontuamos que o processo de fragmentação administrativa da América espanhola também teve grande impacto sobre a organização latino-americana. Assim, chamamos a atenção para o fato de que o surgimento de lutas e projetos continentais posteriores está relacionado a esse processo, fato que deveria ser superado de acordo com alguns líderes, como Simón Bolívar e Francisco de Miranda. Contudo, o que se seguiu à fragmentação não foi a formação de Estados nacionais consolidados, mas de Estados oligárquicos que tardiamente se transformariam em Estados burgueses. O impacto desse fenômeno pode ser observado nas economias latino-americanas, que são altamente dependentes do capital internacional e primário-exportador e apresentam um mercado interno incipiente, tal qual sua industrialização. Para reverter essa situação, surgiram movimentos de cunho nacionalista e populista durante os anos 1930 na América Latina.

Posteriormente, discorremos sobre por que não podemos negligenciar o vínculo entre o estabelecimento de regimes militares na América Latina e a abertura ao capital internacional. O apoio dos Estados Unidos aos militares sul-americanos precisa ser abordado em qualquer análise sobre o assunto, sob pena de não se compreender inteiramente como esses regimes foram instalados ou quais foram os seus efeitos na política econômica dos países.

É válido ressaltarmos que vários países tiveram sua vida marcada pela influência estrangeira – da Espanha e outras nações europeias, durante o período colonial; e dos Estados Unidos, no período pós-independência. Essa dependência se mantém, em muitos casos, intocada até os dias atuais.

Por fim, discutimos o fenômeno da globalização na contemporaneidade. Como pudemos demonstrar, trouxe em seu bojo o aprofundamento das desigualdades entre as potências hegemônicas e as periferias do capitalismo, aprofundando os laços de controle sobre essas nações e estreitando a dependência econômica. Para tanto, os países latino-americanos, controlados por governos conservadores, adotaram um grande número de práticas econômicas neoliberais – o que trouxe grandes perdas sociais para o continente, sobretudo nas décadas de 1980 e 1990. Desde aquela época até hoje, medidas de austeridade são incutidas na América Latina por pressões estrangeiras e com auxílio das mídias locais. Isso contribuiu para que a democracia nesses países – assolados por golpes civis e militares – seja bastante frágil (além de incipiente).

Ao escolhermos essa abordagem, pretendemos demonstrar que a história da América Latina é marcada desde as independências por traços de continuísmo. Muitas elites oligárquicas e a burguesia industrial ainda se reproduzem no poder de diversas nações e o endividamento e a dependência do setor primário-exportador e do capital internacional ainda são enormes. As tentativas de rupturas por parte das camadas populares não lograram mudar a concepção do Estado – fosse ele oligárquico, fosse burguês – e seus avanços foram limitados. Assim, as únicas rupturas ocorridas de maneira definitiva foram, quase sempre, de interesse das classes dirigentes.

Tendo em vista o que foi abordado, constatamos a necessidade de ampliarmos as discussões sobre a história da América Latina. Tal imperativo é fruto das nossas carências de orientação no tempo presente, da dificuldade de compreendermos as rápidas mudanças e grandes instabilidades nos países latino-americanos. Instabilidades e mudanças que nos afetam todos os dias.

Acreditamos que os textos, autores e ideias debatidos nesta obra, ao se debruçarem especificamente sobre os acontecimentos e a condição contemporânea da América Latina, auxiliaram na compreensão do panorama de rápidas mudanças pela qual passa o continente.

Dessa maneira, nosso intuito nesta obra foi apresentá-la como ferramenta importante na elaboração de uma consciência histórica. Por meio dela, é possível traçar paralelos e estabelecer relações entre

Lara Taline dos Santos

o passado de exploração colonial e o presente de subalternidade econômica e política dos países latino-americanos.

Longe de esgotar o tema, nossa proposta foi abrir a você uma gama de possibilidades de pesquisa sobre os processos pelos quais a América passou.

Assim, esperamos ter contribuído para a formação de novas visões sobre a América Latina e sua relação com os Estados Unidos e o resto do mundo, deixando para trás visões cristalizadas e narrativas tradicionais que privilegiam pontos de vista pouco críticos e inclusivos.

Referências

A DECLARAÇÃO de independência dos Estados Unidos da América. Disponível em: <http://www4.policiamilitar. sp.gov.br/unidades/dpcdh/Normas_Direitos_ Humanos/DECLARA%C3%87%C3%83O%20DE%20 INDEPENDENCIA%20DOS%20EUA%20-04%20de%20 julho%20de%201776%20-%20PORTUGU%C3%8AS.pdf>. Acesso em: 8 jan. 2018.

ANDERSON, P. Balanço do neoliberalismo. In: GENTILI, P.; SADER, E. (Ed.). **Pós-neoliberalismo**: as políticas sociais e o Estado democrático. São Paulo: Paz e Terra, 1995. p. 9-23.

ANGELL, A. Chile, 1958-c. 1990. In: BETHELL, L. (Ed.). **Historia de América Latina**: El Cono Sur desde 1930. Barcelona: Crítica, 2002. v. 15. p. 255-312.

ARRUDA, J. J. de A. **Atlas histórico básico**. 17. ed. São Paulo: Ática, 2010.

BETHELL, L. (Ed.). **Historia de América Latina**: América Latina independiente, 1820-1870. Barcelona: Crítica, 1991. v. 6.

BETHELL, L. (Ed.). **Historia de América Latina**: México y el Caribe desde 1930. Barcelona: Crítica, 1998. v. 13.

BOBBIO, N.; MATTEUCCI, N.; PASQUINO, G. **Dicionário de política**. 11. ed. Brasília: Ed. da UnB, 1998. 2 v.

BORON, A. **Estado, capitalismo e democracia na América Latina**. São Paulo: Paz e Terra, 1994.

BRASIL. Comissão Nacional da Verdade. **Relatório da Comissão Nacional da Verdade**. 10 dez. 2014. 3 v. Disponível em: <http://cnv.memoriasreveladas.gov.br/index.php?option=com_content&view=article&id=571>. Acesso em: 8 jan. 2018.

BUARQUE, C. **Apesar de você**. Chico Buarque. São Paulo: Philips, 1970.

CHAIA, V. L. Globalização e democracia. **Mediações – Revista de Ciências Sociais**, Londrina, Edição Especial, p. 7-17, 1997. Disponível em: <http://www.uel.br/revistas/uel/index.php/mediacoes/article/view/9338/8041>. Acesso em: 8 jan. 2018.

CONADEP – Comisión Nacional Sobre La Desaparición de Personas. 2014. Disponível em: <http://atom.ippdh.mercosur.int/index.php/conadep-comision-nacional-sobre-la-desaparicion-de-personas-2>. Acesso em: 22 dez. 2017.

CORSI, F. L. América Latina e globalização: uma análise das estratégias de desenvolvimento. In: ENCONTRO REGIONAL DE HISTÓRIA, 19., 2008, São Paulo. **Anais**... São Paulo: Anpuh/SP – USP, 2008. Disponível em: <http://www.anpuhsp.org.br/sp/downloads/CD%20XIX/PDF/Autores%20e%20Artigos/Francisco%20Luiz%20Corsi.pdf>. Acesso em: 5 jan. 2018.

COSTA, L. R. A importância da figura de Tupac Katari para os movimentos indigenistas bolivianos da segunda metade do século XX. In: SIMPÓSIO NACIONAL DE HISTÓRIA, 26., 2001, São Paulo. **Anais**... São Paulo: Anpuh, 2001. Disponível em: <http://www.snh2011.anpuh.org/resources/

anais/14/1300935683_ARQUIVO_ArtigoANPUHNacional2011-LicioRomeroCosta.pdf>. Acesso em: 3 jan. 2018.

CUBA. **Discurso pronunciado por el Comandante Fidel Castro Ruz, en el Parque Céspedes de Santiago de Cuba, el 1ro. de enero de 1959.** 1959. Disponível em: <http://www.cuba.cu/gobierno/discursos/1959/esp/f010159e.html>. Acesso em: 8 jan. 2018.

CUBA. **Discurso pronunciado por el Comandante Fidel Castro Ruz, Primer Ministro del Gobierno Revolucionario, en la na sede de las Naciones Unidas, Estados Unidos, el 26 de septiembre de 1960.** 1960. Disponível em: <http://www.cuba.cu/gobierno/discursos/1960/esp/f260960e.html>. Acesso em: 8 jan. 2018.

D'ARAUJO, M. C. Densidade democrática e instabilidade na redemocratização latino-americana. In: ARAUJO, M. P.; FERREIRA, M. de M.; FICO, C. (Org.). **Ditadura e democracia na América Latina.** Rio de Janeiro: FGV, 2008. p. 321-338.

DECLARATION of Right and Grievances. 1765. Disponível em: <https://www.landofthebrave.info/1765-declaration-of-rights-and-grievances.htm>. Acesso em: 3 jan. 2018.

DEVÉS VALDÉS, E. O pensamento nacionalista na América Latina e a reivindicação da identidade econômica (1920-1940). Tradução de Paulo M. Garchet. **Estudos Históricos**, Rio de Janeiro, v. 10, n. 20, p. 321-343, 1997. Disponível em: <http://bibliotecadigital.fgv.br/ojs/index.php/reh/article/view/2053/1192>. Acesso em: 3 jan. 2018.

DISCURSO pronunciado por el comandante Ernesto "Che" Guevara, Ministro de Indústrias, el dia 20 de octubre de 1962, en el teatro "Chaplin" en el acto de conmemoración del II aniversario de la unificación del movimiento juvenil cubano.

1962. Disponível em: <http://www.latinamericanstudies.org/ che/che-discurso-10-20-1962.pdf>. Acesso em: 5 jan. 2018.

ESTADOS UNIDOS DA AMÉRICA. **Declaração de Independência dos Estados Unidos da América (1776)**. 4 jul. 1776. Disponível em: <http://pt-br.pauloacbj.wikia.com/wiki/ Declara%C3%A7%C3%A3o_de_Independ%C3%AAncia_dos_ Estados_Unidos_da_Am%C3%A9rica_(1776)>. Acesso em: 8 jan. 2018.

GEBARA, G. Z. O constitucionalismo nos Estados Unidos da América: das Treze Colônias à República Federativa Presidencialista. **Revista Jurídica Unigran**, Dourados, v. 12, n. 4, p. 16-39, maio 2010. Disponível em: <http://www.unigran. br/revista_juridica/ed_anteriores/23/artigos/artigo04.pdf>. Acesso em: 3 jan. 2018.

GOUVÊA, M. de F. S. Revolução e independências: notas sobre o conceito e os processos revolucionário na América Espanhola. **Estudos Históricos**, Rio de Janeiro, v. 10, n. 20, p. 275-294, 1997. Disponível em: <http://bibliotecadigital.fgv.br/ojs/index. php/reh/article/viewFile/2056/1195>. Acesso em: 3 jan. 2018.

GREENE, J. The American Revolution. **The American Historical Review**, v. 105, n. 1, p. 93-102, Feb. 2000.

GUAZZELLI, C. B.; WASSERMAN, C. **História da América Latina**: do descobrimento a 1900. Porto Alegre: Ed. da UFRGS, 1996.

HOBSBAWM, E. **Bandidos**. Tradução de Donaldson M. Garschagen. São Paulo: Paz e Terra, 2010.

HOBSBAWM, E. **Era dos extremos**: o breve século XX – 1941-1991. Tradução de Marcos Santarrita. São Paulo: Companhia das Letras, 2009.

IANNI, O. **A formação do estado populista na América Latina**. 2. ed. Rio de Janeiro: Civilização Brasileira, 1991.

IANNI, O. A questão nacional na América Latina. **Estudos Avançados**, São Paulo, v. 2, n. 1, jan./mar. 1988. Disponível em: <http://www.scielo.br/scielo.php?script=sci_arttext&pid=S0103-40141988000100003>. Acesso em: 4 jan. 2018.

KARNAL, L. et al. **História dos Estados Unidos**: das origens ao século XXI. 2. ed. São Paulo: Contexto, 2010.

LEWIS, P. H. Paraguay, 1930-c. 1990. In: BETHELL, L. (Ed.). **Historia de América Latina**: El Cono Sur desde 1930. Barcelona: Crítica, 2002. p. 187-215. v. 15.

LOCKE, J. **Segundo Tratado sobre Governo Civil e outros escritos**. Tradução de Magda Lopes e Marisa Lobo Lopes. 3. ed. Petrópolis: Vozes, 2001.

LYNCH, J. Los orígenes de la independencia hispanoamericana. In: BETHELL, L. (Ed.). **Historia de América Latina**: la independencia. Barcelona: Crítica, 1991. v. 5. p. 1-40.

MATSUKI, E. Em áudio de 1988, Raul Seixas relata tortura sofrida durante a ditadura militar. **EBC**, 20 ago. 2014. Cidadania. Disponível em: <http://www.ebc.com.br/cidadania/2014/08/em-audio-de-1998-raul-seixas-relata-tortura-sofrida-durante-a-ditadura-militar>. Acesso em: 8 jan. 2018.

NERUDA, P. **Confesso que vivi**. Tradução de Olga Savary. 35. ed. Rio de Janeiro: Bertrand Brasil, 2011.

OLIVEIRA, L. H. de. Globalização e democracia. In: CHAIA, V. L. Globalização e democracia. **Revista Mediações**, Londrina, p. 12-14, 1997. Disponível em: <http://www.uel.br/revistas/uel/index.php/mediacoes/article/view/9338/804>. Acesso em: 8 jan. 2018.

PENNA, M. C. V. M. Constitucionalismo: origem e evolução histórica. **Revista Brasileira de Direito Constitucional**, Guarapuava, n. 21, p. 149-178, jan./jun. 2013. Disponível em: <http://www.esdc.com.br/seer/index.php/rbdc/article/view/15>. Acesso em: 3 jan. 2018.

PEREGIL, F. As Avós da Argentina ainda procuram 400 netos. **El País**, 6 ago. 2014. Internacional. Disponível em: <https://brasil.elpais.com/brasil/2014/08/06/internacional/1407353366_686469.html>. Acesso em: 8 jan. 2018.

PEREIRA, H. da C. **Diário da minha viagem para a Filadélfia**: 1798-1799. Brasília: Senado Federal, 2004. v. 33. (Edições do Senado Federal).

PIGLIA, R. **Respiração artificial**. Tradução de Heloisa Jahn. São Paulo: Iluminuras, 1980.

POMER, L. **As independências na América Latina**. São Paulo: Brasiliense, 2007. (Coleção Tudo é História).

PURDY, S. O século americano. In: KARNAL, L. et al. **História dos Estados Unidos**: das origens ao século XXI. 2. ed. São Paulo: Contexto, 2010. p. 173-214.

QUADRAT, S. V. Operação Condor: o "Mercosul" do terror. **Estudos Ibero-Americanos**, Porto Alegre, v. 28, n. 1, p. 167-182, jun. 2002. Disponível em: <http://revistaseletronicas.pucrs.br/ojs/index.php/iberoamericana/article/view/23793/14278>. Acesso em: 8 jan. 2018.

RIZ, L. de; TORRE, J. C. Argentina, 1946-c. 1990. In: BETHELL, L. (Ed.). **Historia de América Latina:** El Cono Sur desde 1930. Barcelona: Crítica, 1991. v. 15. p. 60-155.

ROSSI, F. da S. R. **Planejando estados, construindo nações:** os projetos políticos de Francisco de Miranda, Bernardo Monteagudo e José Bonifácio. 149 f. Dissertação (Mestrado em História) – Universidade de São Paulo, São Paulo, 2013.

SILVA, G. U. P.; PENNA FILHO, P. A ditadura paraguaia: os movimentos 14 de Mayo e FULNA e a insurgência contra a repressão de Stroessner (1954-1961). In: SIMPÓSIO NACIONAL DE HISTÓRIA, 25., 2009, Fortaleza. **Anais**... Fortaleza: Anpuh, 2009. Disponível em: <http://anais.anpuh.org/wp-content/uploads/mp/pdf/ANPUH.S25.1081.pdf>. Acesso em: 8 jan. 2018.

THORP, R. A América Latina e a economia internacional: da Primeira Guerra Mundial à Grande Depressão. In: BETHELL, L. (Org.). **História da América Latina:** de 1870 a 1930. Tradução de Geraldo Gerson de Souza. São Paulo: Edusp; Brasília: Fundação Alexandre Gusmão, 2001. p. 83-110. v. 4.

UNESCO. Discurso de Ernesto 'Che' Guevara ante la Asamblea General de las Naciones Unidas. 17 ago. 2012. Disponível em: <http://www.un.org/content/es/_vidout/video740.shtml>. Acesso em: 8 jan. 2018.

WASSERMAN, C. **História contemporânea da América Latina:** 1900-1930. Porto Alegre: Ed. da UFRGS, 1992.

Bibliografia comentada

BETHELL, L. (Ed.). **Historia de América Latina**. Barcelona: Crítica, 1990-2002. 16 v.

Essa coleção, dirigida por Leslie Bethell, aborda aspectos da história política, diplomática, econômica, social e cultural de cinco séculos de América Latina. Esse trabalho magistral inicia-se ainda antes do período colonial, em uma detida análise da constituição social dos povos nativos. Nos volumes que se seguem, passa-se a uma análise minuciosa dos sistemas coloniais ibéricos até a sua derrocada, levando-se também em conta a consolidação do cristianismo na América Latina. Nos volumes subsequentes, são abordados os processos de independência e o impacto da construção das nações latino-americanas na vida política, econômica e social de seus habitantes, bem como nas relações com outros países. Passando pela era do romantismo, a coleção também discorre sobre a inserção das economias latino-americanas na economia mundial e o impacto disso nos processos de industrialização, como o surgimento do proletariado, a consolidação das democracias, a urbanização e a produção artística local.

Analisando os países individualmente, a coleção chega aos regimes militares, à atuação das esquerdas latino-americanas e à dimensão das múltiplas identidades que surgiram ao longo de 500 anos de história.

BOBBIO, N.; MATTEUCCI, N.; PASQUINO, G. **Dicionário de política**. 11. ed. Brasília: Ed. da UnB, 1998. 2 v.

Esse dicionário, organizado em dois volumes, apresenta verbetes pensados para todos os tipos de leitor. Nele são definidos os principais conceitos políticos, tendo em vista sua construção histórica, seus diferentes usos e os principais autores e linhas interpretativas que o abordam.

CARDOSO, C. F.; BRIGNOLI, H. **História econômica da América Latina**. Rio de Janeiro: Graal, 1983.

Essa obra trata dos processos econômicos derivados da exploração colonial na América Latina, tendo em vista seus impactos sociais, políticos e ideológicos. Focando-se em uma análise de aspectos mais estruturais, a obra visa expor as dinâmicas que subjazem a organização dos Estados latino-americanos.

GALEANO, E. **As veias abertas da América Latina**. Tradução de Galeno Freitas. 46. ed. Rio de Janeiro: Paz e Terra, 2007.

Essa obra de Galeano é uma reflexão sobre como o imperialismo permeou o desenvolvimento político, econômico e social da América Latina. Iniciando a jornada pela história de exploração latino-americana de maneira quase idílica, Galeano nos leva a compreender as raízes mais profundas da dominação europeia, convidando o leitor a pensar nas populações indígenas e no endeusamento do colonizador, passando pelo estabelecimento de um comércio de moral altamente corrompida. Nesse ponto, o autor apresenta dados detalhados, expondo a frieza das práticas imperialistas de europeus e norte-americanos e salientando os diferentes genocídios praticados – direta ou indiretamente – por essas nações. O intento do autor é dar voz a uma parte da história esquecida pelas grandes narrativas da colonização do continente americano – objetivo alcançado com tamanho brilhantismo que custou a livre circulação de sua obra em seu próprio país, o Uruguai.

GUAZZELLI, C. B.; WASSERMAN, C. **História da América Latina:** do descobrimento a 1900. Porto Alegre: Ed. da UFRGS, 1996.

WASSERMAN, C. **História Contemporânea da América Latina:** 1900-1930. Porto Alegre: Ed. da UFRGS, 1992.

Essas duas obras analisam a constituição do que é hoje a América Latina desde seus primórdios, debruçando-se sobre os sistemas políticos, explorando os dados econômicos e refletindo sobre os diferentes movimentos sociais que permeiam a história de exploração dos latino-americanos. Complementares, os livros procuram explorar os casos mais emblemáticos de movimentos revolucionários e organizações sociais que surgiram no continente, ao mesmo tempo que traça um perfil mais geral das elites latino-americanas e seu papel fundamental na construção – tardia – das diferentes nações do continente.

Lara Taline dos Santos

IANNI, O. **A formação do estado populista na América Latina.** 2. ed. Rio de Janeiro: Civilização Brasileira, 1991.

Essa obra apresenta a importância de movimentos, partidos, classes sociais e governos no desenvolvimento do fenômeno populista na América Latina, comparando-os com os casos norte-americano e russo. Refletindo sobre a própria política populista e o pacto realizado com a burguesia latino-americana, Ianni também aborda temas do nacionalismo e do desenvolvimento capitalista na América Latina. Por fim, cabe ainda uma análise detida não apenas do Estado populista, mas também do Estado oligárquico – pois entende-se que não é possível compreender um sem o outro.

KARNAL, L. et al. **História dos Estados Unidos:** das origens ao século XXI. 2. ed. São Paulo: Contexto, 2010.

Nessa obra, diferentes autores abordam o desenvolvimento político, econômico e social dos Estados Unidos desde os primórdios da colonização até o século XXI. Escrito por quatro especialistas do tema, a obra desenha um panorama geral da formação da nação norte-americana e suas implicações nos séculos XIX e XX, ao passo que salienta as rupturas e continuidades na organização social do país mais influente do mundo. Por fim, a obra nos convida também a pensar o desenvolvimento dos Estados Unidos à luz de nossa própria experiência como brasileiros, levando-nos a refletir sobre a complexa relação entre os Estados Unidos e o Brasil.

REMOND, R. **História dos Estados Unidos**. Rio de Janeiro: M. Fontes, 1989.

Nessa obra, Remond elabora um quadro geral da história dos Estados Unidos desde as Treze Colônias até o escândalo Watergate, que envolveu o 40º presidente, Ronald Regan, e colocou a superpotência norte-americana em uma crise política. Apesar da primeira edição ser de 1989, a obra de Remond continua sendo muito importante, visto que fornece as bases para iniciar os estudos sobre os momentos mais importantes da história dos Estados Unidos em sua caminhada para estabelecer-se como nação mais influente do globo.

Lara Taline dos Santos

Respostas

Capítulo 1

Atividades de autoavaliação

1. b
2. b
3. c
4. a
5. d

Atividades de aprendizagem

Questões para reflexão

1. Nesta questão, o ideal é analisar o conceito de *colônia de povoamento* tendo em vista a negligência da Coroa britânica com relação às Treze Colônias. Nesse sentido, também deve-se considerar a relativa autonomia norte-americana e de que maneira essa condição foi ameaçada pela Inglaterra, conduzindo os Estados Unidos ao processo de independência.

2. Nesta questão, é importante abordar o alistamento em massa da população de libertos; a atuação de Toussaint Louverture como militar e como ministro; e a implementação dos libertos como mão de obra assalariada (*coutivateurs*).

Atividade aplicada: prática

1. A Independência das Treze Colônias inglesas da América do Norte foi um movimento de grande importância, pois foi o primeiro a alcançar resultados efetivos com relação à emancipação – sendo considerado uma das maiores revoluções burguesas do século XVIII. Nessa época, vários movimentos caracterizaram a ascensão da burguesia, apoiada nos ideais liberais do Iluminismo. Nos Estados Unidos, os ideais liberais foram fundamentados nas obras de John Locke, filósofo que criou as leis naturais do contrato entre governantes e governados, consideradas pontos básicos da liberdade humana.

Capítulo 2

Atividades de autoavaliação

1. a
2. b
3. a
4. a
5. c

Atividades de aprendizagem

Questões para reflexão

1. As elites coloniais hispano-americanas, cansadas da pesada carga fiscal imposta pelo Império Espanhol, vendo seus privilégios serem ameaçados pela administração metropolitana

e sem direito à representação junto à Coroa, iniciaram uma articulação que visava à emancipação política e econômica dos territórios americanos. Contudo, o processo de independência não significou, na maior parte dos países, mudanças substanciais na sociedade, o que acabou ocasionando conflitos diretos entre os grupos oligárquicos e as camadas populares, como na revolta andina liderada pelo indígena Túpac Amaru II.

2. Os grupos radicais promoveram bruscos rompimentos com a ordem estabelecida no período colonial e empreenderam propostas continentais que chegaram a tomar controle do Estado, promovendo reformas e retirando propriedades e privilégios dos mais abastados. Exemplo desse primeiro modelo é a Revolução de Maio, ocorrida na Região do Rio da Prata. Isso fez as elites oligárquicas começarem a temer a eclosão desses conflitos, dando início a um segundo tipo de processo de independência, marcado por seu caráter conservador e pela manutenção das estruturas sociais e dos privilégios oligárquicos. Exemplo desse segundo processo é a guerra de independência do México.

Capítulo 3
Atividades de autoavaliação
1. d
2. c
3. d
4. a
5. b

Atividades de aprendizagem

Questões para reflexão

1. O desenvolvimento do capitalismo na América Latina encontrou diversos entraves, sobretudo a partir dos anos de 1830, haja vista as heranças deixadas pelo período colonial, como os atrasos nos sistemas tecnológico e de transporte, bem como a inexistência de um mercado interno minimamente funcional. Assim, os avanços econômicos europeus, vivenciados a partir de 1860, refletiram diretamente nos países latino-americanos, que passaram a receber empréstimos e melhorias de infraestrutura. As elites oligárquicas, por sua vez, passaram a ampliar o número de exportações agrícolas para as potências europeias, assim como se tornaram consumidoras das manufaturas produzidas por elas.

   Esses arranjos econômicos que acompanharam a consolidação do capitalismo na América Latina criaram uma relação de dependência que se perpetuou, pois o mercado interno não se desenvolveu em detrimento das iniciativas para o mercado externo, que favoreciam os interesses das elites oligárquicas e os domínios das potências imperialistas.

2. Embora os Estados Unidos já viesse demonstrando tendências monopolistas desde o século XIX, as configurações da economia interna faziam com que seu domínio se restringisse aos países caribenhos e ao México.

   Os conflitos bélicos que se abateram sobre a Europa, no início do século XX, provocaram grande estagnação econômica e caos social. Nesse sentido, os Estados Unidos tiveram seu trabalho facilitado, tomando o lugar dos europeus no controle sobre os países latino-americanos e estabelecendo essa região como grande zona de influência de Washington. Dessa forma, é correto afirmar que, no início do século XX, os Estados Unidos já superavam o Império Britânico com relação aos negócios na América Latina, a ponto de o padrão de moeda mudar da libra para o dólar.

Atividade aplicada: prática

1. Exemplo de plano de aula
   Curso: Ensino fundamental II
   Série/Turma: 8º ano
   Disciplina: História
   Título da Aula: Iluminismo
   Objetivo geral: Compreender o que foi o Iluminismo: seus antecedentes, contexto histórico e repercussão no mundo ocidental.
   Objetivos específicos:

   - reconhecer as principais características do Iluminismo europeu;
   - identificar os principais pensadores e ideias do Iluminismo;
   - reconhecer a presença de ideias iluministas em inúmeros acontecimentos posteriores da história ocidental, identificando sua herança na vivência cotidiana dos estudantes.

   Conteúdo da aula: Iluminismo
   Planejamento da aula:
   Para introduzir o tema da aula, serão apresentas três imagens:

   - a pintura *A queda da Bastilha*, de Jean-Pierre Houël (1789);
   - a pintura *Washington atravessando o Delaware*, de Emanuel Gottlieb Leutze (1851);
   - uma fotografia do movimento Diretas Já, ocorrido no Brasil (1983-1984).

Com base nos itens anteriores, será explicado que cada imagem representa um movimento histórico importante: a primeira é uma representação da Tomada da Bastilha, evento catalisador da Revolução Francesa (1789); a segunda apresenta a Revolução Americana (1776), quando os Estados Unidos se tornaram independentes; e a última se trata de uma fotografia do movimento Diretas Já, que pedia o retorno das eleições diretas no Brasil (1983-1984). O objetivo dessa atividade é apresentar as influências do movimento iluminista ao longo de toda a história moderna e contemporânea do mundo ocidental, chegando até a atualidade.

Após esse momento introdutório, é necessário apresentar aos alunos a dimensão do movimento em todo mundo. Primeiramente, deve-se explicar como o Iluminismo se manifestou em seu continente de surgimento, a Europa, sobretudo no século XVIII, conhecido como *Século das Luzes*.

É preciso salientar que o Iluminismo surgiu em um mundo em transformação, mas no qual ainda prevalecia a estrutura social antiga fundamentada em três estados (clero, nobreza e o povo). O chamado *Antigo Regime*, em que reis absolutistas governavam sociedades com pouco ou quase nenhuma mobilidade social, estava desaparecendo, dando lugar a novos conceitos, ideias e concepções, frutos dessa mudança de mentalidade na Europa. Ainda assim, é preciso destacar que a força do movimento foi tão grande que até mesmo alguns monarcas absolutistas resolveram incorporar algumas ideias aos seus governos, motivo pelo qual foram intitulados *déspotas esclarecidos*.

Entre os governantes que adotaram um estilo de governo fundamentado no Iluminismo, destacamos: Frederico II da Prússia (conhecido como *Rei Filósofo*); Catarina, a Grande, da Rússia; e o Marquês de Pombal – que, apesar de não ter sido rei de Portugal, foi um ministro de Dom José I e responsável pela expulsão dos jesuítas no Brasil colonial. Esses governantes foram profundamente influenciados pela vasta produção intelectual da época.

Na sequência, deve-se questionar os alunos sobre como eles acham que essas ideias se disseminaram pela Europa e fora dela naquela época, quando não havia os meios de comunicação e de transporte que conhecemos hoje. A partir das respostas obtidas, pode-se discutir a importância da produção intelectual daquela época, bem como das grandes viagens dos europeus para disseminá-la. Nesse sentido, é válido enfatizar a importância de jornais, revistas, livros, cafés, reuniões sociais e academias na difusão do pensamento iluminista.

Na sequência, é importante salientar os ideais iluministas que foram difundidos pelo mundo ocidental:

- emancipação;
- autodeterminação;
- busca pela liberdade e felicidade;
- igualdade;
- justiça;
- fraternidade;
- tolerância;
- separação dos poderes políticos;
- valorização do uso da razão e da cientificidade em oposição ao conhecimento religioso.

É importante sempre destacar que o Iluminismo não foi um movimento homogêneo. Trata-se de uma ideologia que apresenta um caráter multifacetado, que adquiriu particularidades em cada lugar em que se manifestou. Por exemplo: o iluminismo inglês não era igual ao francês e ao holandês, muito menos ao norte-americano, pois cada nação tinha suas próprias configurações e dificuldades internas – embora mantivessem em seu âmago os ideais basilares do movimento, citados anteriormente.

Em seguida, é importante esclarecer aos estudantes que muitos pensadores desse período são amplamente conhecidos e utilizados até a atualidade. Entre os principais nomes do Iluminismo estão:

- **Montesquieu:** Defendia a limitação do poder absoluto do rei. Para isso, propôs uma teoria de separação dos poderes políticos: Poder Legislativo (exercido por um parlamento eleito pelo povo), Poder Judicial (exercido pelos tribunais com juízes independentes) e Poder Executivo (exercido pelo rei e seus ministros).
- **Voltaire:** Defendia a justiça social, tolerância religiosa, liberdade e propriedade e era crítico dos privilégios da nobreza e do clero.
- **Jean-Jacques Rousseau:** Escreveu a obra *O contrato social*, na qual defende o conceito de *soberania popular*. Para o filósofo francês, todos os homens nascem livres e iguais em direitos, sendo o monarca o detentor da soberania fornecida pela própria população por meio de um contrato social. O autor também defendia o fim dos privilégios da nobreza e do clero e que se um rei não honrasse o dever de resguardar a soberania e o bem-estar de um povo, este poderia, legitimamente, levantar-se contra o rei.

- **John Locke:** Considerado o pai do Iluminismo, Locke defendia a razão com base no empirismo: quando nascemos, nossa mente é como uma tábula rasa (sem nenhuma ideia). Assim, o conhecimento vai sendo adquirido ao longo da vida por meio de nossas experiências. Locke também defendia a liberdade dos cidadãos e o direito à propriedade privada, condenando o absolutismo.
- **Adam Smith:** Considerado o pai do liberalismo econômico, Smith defendia que o trabalho era a fonte de riqueza, não a terra em si, bem como a criação de uma zona de livre comércio e a não intervenção do Estado nos assuntos econômicos.

Outros pensadores de destaque: Isaac Newton, Francis Bacon, René Descartes, Gibbon, David Hume, John Adams, Benjamin Franklin e Thomas Jefferson.

Após apresentar os principais pensadores, deve-se explicar que as principais ideias deles foram compiladas na chamada *Enciclopédia*, obra francesa dirigida pelos filósofos Denis Diderot e Jean Le Rond D'Alembert, que se inspiraram em uma obra anterior produzida na Inglaterra. Como forma de introduzir o assunto, os alunos podem ser questionados previamente sobre o que eles entendem por *enciclopédia*.

É válido explicar aos alunos de que maneira a Enciclopédia é estruturada: em 17 volumes organizados a partir de uma árvore do conhecimento humano (ciências, artes, música, literatura, política, religião, matemática etc). Também é preciso destacar que, por seu conteúdo notadamente laico, a Igreja chegou até mesmo a proibir essa obra.

No entanto, ela continuou a ser editada até sua conclusão, em 1772, sendo um importantíssimo instrumento de difusão do pensamento iluminista na Europa e até mesmo fora dela. Tendo em vista que o Iluminismo se espraiou por todo o mundo ocidental, também é necessário que os alunos reflitam sobre a chegada desses ideais no continente americano. De maneira geral, o que se constata é que existiam grandes diferenças com relação ao desenvolvimento econômico na América, o que acabou influenciando a circulação (ou não) das ideias iluministas. Além disso, apesar de os ideais de liberdade passarem a ser amplamente discutidos na Europa, a aplicação de mão de obra escrava na América evidenciava uma contradição entre o pensamento iluminista e as práticas dos impérios europeus. Assim, ao mesmo tempo que se falava de liberalismo econômico, o sistema de exploração colonial ainda vigorava. Nos Estados Unidos – o país mais afetado pelos ideais iluministas no continente –, as ideias iluministas chegaram com os imigrantes ingleses. Nas Treze Colônias, esse pensamento encontrou um lugar propício para a dispersão. Rapidamente, os ideais de busca pela razão, liberdade, emancipação, autonomia e direito à representação popular se difundiram entre os colonos, que ficaram furiosos ao terem negada sua participação no parlamento inglês. Isso deu início a um movimento de revolta, conhecido como *Revolução Americana*, que desencadeou a independência dos Estados Unidos. Assim, as ideias iluministas se difundiram e impregnaram a cultura norte-americana, embasando os documentos fundadores da nação: a Proclamação de Independência e a Constituição.
Recursos didáticos: Explicação do conteúdo por meio do diálogo e atividade de pesquisa histórica utilizando internet.

Avaliação: Os alunos serão divididos em grupos para criarem um *talk show* com alguns dos principais personagens do Iluminismo (pertencentes a qualquer área, não necessariamente filósofos). Para serem definidos os filósofos que serão interpretados por cada aluno, será realizado um sorteio.

Em seguida, os alunos devem ir ao laboratório de informática para pesquisar sobre o pesquisador retirado no sorteio: biografia, época em que viveu, ideologias e principais contribuições para a ciência. Nessa atividade, o professor poderá ser consultado para elucidar possíveis dúvidas.

O passo seguinte da pesquisa deve ser realizado em casa. Nessa etapa, os alunos devem levar para casa algumas fichas de leitura a serem preenchidas, nas quais registrariam, na forma de breves comentários, os principais resultados obtidos na pesquisa sobre a vida e as ideias do pensador selecionado. As fichas de leitura são um bom guia para ser utilizado no *talk show*, passo seguinte da atividade.

Para o *talk show*, recomenda-se que a sala seja disposta em círculo. Na sequência, será pedido para que cada pensador se apresente brevemente. Para definir a ordem dos entrevistados, haverá um novo sorteio. O apresentador do programa será o próprio professor.

Para a entrevista, é possível propor algumas questões de norteamento, tais como: "Voltaire, você ficou conhecido por suas ideias relativas à liberdade. Conte-nos mais sobre esse tema." ou "O senhor considera que suas ideias de liberdade ainda fazem sentido atualmente?". A ideia é que os alunos respondam como se fossem o próprio personagem. A plateia, ou seja, os demais alunos, também podem participar, fazendo perguntas ao entrevistado. É interessante que todos participem, a fim de que a interação seja estimulada como forma de obtenção de conhecimento. Ao longo de toda a atividade, os alunos podem consultar suas fichas de leitura.

Essa atividade coloca o aluno diretamente em contato com a própria produção do conhecimento histórico e faz com que ele realize um exercício prático a partir das discussões realizadas na aula. O trabalho irá se estender por mais uma ou duas aulas, em etapas diferenciadas. O fato dos alunos pesquisarem, produzirem e conduzirem suas próprias narrativas históricas sobre o Iluminismo e os principais pensadores iluministas possivelmente fará com que eles percebam a multiperspectividade da história e, principalmente, sua relação com a vida prática.

Ao fim de cada etapa do trabalho, o professor deve reforçar os objetivos da realização da atividade e solicitar a participação dos alunos, pedindo para que relatem suas experiências.

Como é possível perceber, trata-se de uma proposta de avaliação inovadora e diferenciada com relação à dinâmica das aulas de História.

Referências

DARNTON, R. **O Iluminismo como negócio**. Tradução de Laura Teixeira Motta e Maria Lucia Machado. São Paulo: Companhia das Letras, 1996.

FALCON, F. J. C. **Iluminismo**. 4. ed. São Paulo: Ática, 2009. (Série Princípios).

HOBSBAWN, E. J. **A era das revoluções (1789-1848)**. Tradução de Maria Tereza Lopes Teixeira e Marcos Penchel. Rio de janeiro: Paz e Terra, 1977.

LEE, P. J. Progressão da compreensão dos alunos em História. In: BARCA, I. (Org.). **Perspectivas em educação histórica**: actas das primeiras jornadas internacionais de educação histórica. Braga: Centro de Estudos em Educação e Psicologia – Universidade do Minho, 2001. p. 13-29.

LEE, P. J. "Nós fabricamos carros e eles tinham que andar a pé": compreensão das pessoas do passado. In: BARCA, I. (Org.) **Educação histórica e museus**: actas das segundas jornadas internacionais de educação histórica. Braga: Lusografe, 2003. p.19-36.

RÜSEN, J. Perda de sentido e construção de sentido no pensamento histórico na virada do milênio. **História: Debates e Tendências**, Passo Fundo, v. 2, n. 1, p. 9-22, dez. 2001a.

RÜSEN, J. **Razão histórica**: teoria da história – os fundamentos da ciência histórica. Tradução de Estevão de Rezende Martins. Brasília: UNB, 2001b.

SCHMIDT, M. A. M. S. Cognição histórica situada: que aprendizagem histórica é esta? In: SCHMIDT, M.; BARCA, Isabel. (Org.). **Aprender história**: perspectivas da educação histórica. Ijuí: Unijuí, 2009. v. 1. p. 21-51.

SCHMIDT, M. A. M. S. O significado do passado na aprendizagem e na formação da consciência histórica de jovens alunos. In: CAINELLI, M.; SCHMIDT, M. A. **Educação histórica**: teoria e pesquisa. Ijuí: Unijuí, 2011. p.81-90

SCHMIDT, M. A. M. S. A cultura como referência para investigação sobre consciência histórica: diálogos entre Paulo Freire e Jörn Rüsen. In: JORNADAS INTERNACIONAIS DE EDUCAÇÃO HISTÓRICA – CONSCIÊNCIA HISTÓRICA NA ERA DA GLOBALIZAÇÃO. 26. **Anais**... Braga: Universidade do Minho, 2011. Apresentação.

Capítulo 4

Atividades de autoavaliação

1. a
2. c
3. b
4. a
5. b

Atividades de aprendizagem

Questões para reflexão

1. Nessa época, haviam diferentes grupos combatendo as elites oligárquicas. No entanto, embora esses grupos estivessem unidos pelo interesse de retirá-los do poder, as motivações que os moviam eram específicas e nem sempre se conciliavam com os novos arranjos políticos que foram elaborados após a saída das oligarquias.

   Um exemplo é o caso mexicano, em que os campesinos, liderados por Zapata, tinham uma proposta de luta pela propriedade comunal da terra – sobressaindo-se, nesse projeto, seus interesses locais. Já a burguesia tinha um projeto mais abrangente de modernização da nação – que foi posto em prática após a revolução.

2. Tanto o modelo revolucionário quanto o democrático mobilizaram diversos setores da sociedade, que tinham como principal objetivo o fim dos domínios oligárquicos. Contudo, uma vez instaurado os novos modelos, as diferenças continuaram existindo e a burguesia industrial logrou em permanecer no poder.

O modelo democrático foi pautado pelo predomínio das ações burguesas, que não chegaram a chocar-se diretamente com os interesses dos demais setores. Já o modelo revolucionário vivenciado no México trouxe à tona um conflito que perdurou por quase uma década e ocasionou a morte de líder revolucionários mexicanos, como a do próprio Zapata.

Capítulo 5
Atividades de autoavaliação
1. c
2. a
3. c
4. b
5. a

Atividades de aprendizagem

Questões para reflexão
1. Nessa questão, você deve discorrer sobre as deficiências econômicas, a debilidade da burguesia em promover o desenvolvimento capitalista e como o próprio contexto histórico (marcado pela eclosão de conflitos mundiais) tornou vulneráveis as relações econômicas com o mercado externo. Você também deve ressaltar que o movimento populista foi utilizado como uma ferramenta para organizar e gerir os conflitos, relações e contradições de classe em um contexto de desarticulação econômica mundial.
2. Entre as ações norte-americanas, estava o investimento na propagação de um discurso anticomunista e na intervenção direta, conduzida por meio de ocupações militares,

como ocorreu na Guatemala. Em outras palavras, os Estados Unidos apoiaram os golpes de Estado e os regimes militares latino-americanos da época, bem como enviaram representantes de organizações humanitárias para países latino-americanos, buscando disseminar ideias liberalistas e de livre mercado.

Capítulo 6
Atividades de autoavaliação
1. c
2. d
3. b
4. e
5. a

Atividades de aprendizagem

Questões para reflexão
1. Nessa questão, você pode enfatizar o papel da arte como uma ferramenta de denúncia das injustiças sociais, econômicas e políticas. Tal aparato pode ser observado ainda na década de 1920, quanto o *jazz* foi utilizado por compositores e intérpretes para denunciar as desigualdades raciais e econômicas da sociedade norte-americana. Da mesma forma, o expressionismo alemão e espanhol do período entre guerras acusava as brutalidades dos confrontos armados empreendidos por regimes totalitários.

Nos processos das ditaduras militares latino-americanas, os artistas utilizaram diversas ferramentas para se oporem ao regime, bem como para criar uma consciência popular de que esses modelos de governo, além de serem ilegítimos, também eram opressores e prejudiciais. Nesse sentido, a perseguição e tortura desses artistas, por parte dos militares, era uma forma de conter o potencial artístico – que promovia uma comoção popular – e uma resposta às contestações realizadas por esses sujeitos.

Tal situação reflete no cenário cultural atual, por meio do poder de influência que esses artistas ainda têm, tornando-se expoentes da música, literatura, arquitetura na sociedade contemporânea.

2. Nessa questão, pode-se relacionar a resistência das Avós da Praça de Maio com a consolidação da democracia na Argentina. Isso porque a perpetuação dessa memória histórica (que não deve ser apagada) evidencia que as comissões da verdade não supriram todas as dúvidas referentes ao período, visto que muitas vítimas do regime continuam desaparecidas, sem uma resposta efetiva por parte do governo. A busca dessas avós por seus netos enfatiza os horrores de um regime ditatorial que não deve ser esquecido, sobretudo pelas gerações mais novas que já nasceram em um processo democrático.

Além disso, a descoberta dos destinos desses familiares pode servir de exemplo para os demais grupos que enfrentam o mesmo problema na América Latina, pois apresentam um modelo de organização e luta coeso que busca pressionar as autoridades políticas a instaurarem inquéritos aprofundados, ou ainda o acesso irrestrito a documentos que permanecem em sigilo, mesmo tantos anos após o fim do regime.

Lara Taline dos Santos

Atividade aplicada: prática

1. Em sua resenha, você pode analisar como a ditadura militar latino-americana é um terreno profícuo para o cinema. No caso do Brasil, esse tema já foi explorado diversas vezes, como no longa *O que é isso, Companheiro?* (1997), que chegou até mesmo a ser indicado ao Oscar, ou ainda mais recentemente, com o filme *Tatuagem*, de 2013.

   Em *O ano em que meus pais saíram de férias* (2006), Cao Hamburguer aposta em uma fórmula nova, analisando o regime militar brasileiro a partir dos olhares de uma criança. Mauro (Michel Joelsas) protagoniza a história de um menino que é deixado pelos pais militantes de esquerda na casa do avô, no bairro paulistano do Bom Retiro – de grande influência judaica – justamente no ano de 1970, o ano do tricampeonato mundial de futebol.

   A forma como o diretor retrata a compreensão de Mauro do contexto em que está inserido, bem como das peculiaridades do bairro enquanto espera o retorno dos pais, é o fio condutor dessa trama sensível, que reitera o impacto que a ditadura causou na vida de milhares de brasileiros.

Sugestão de filmes

11 FILMES para entender a ditadura militar no Brasil. **Pragmatismo Político**, 31 mar. 2014. Ditadura Militar. Disponível em: <http://www.pragmatismopolitico.com.br/2014/03/11-filmes-para-entender-a-ditadura-militar-no-brasil.html>. Acesso em: 20 dez. 2017.

Sobre a autora

Lara Taline dos Santos é graduada em História pela Universidade Federal do Paraná (UFPR) e mestra em História pela mesma instituição. Em 2015, publicou sua primeira obra, intitulada *Civil War: Causal Factors, Conflict Resolution and Global Consequences*, em parceria com pesquisadores norte-americanos. Atualmente, é professora de História no Colégio Positivo Internacional (Curitiba-PR).

Os papéis utilizados neste livro, certificados por instituições ambientais competentes, são recicláveis, provenientes de fontes renováveis e, portanto, um meio responsável e natural de informação e conhecimento.

FSC
www.fsc.org
MISTO
Papel | Apoiando
o manejo florestal
responsável
FSC® C103535

Impressão: Reproset